A DIREITA UNIDA VENCERÁ

UNIDOS PELA LIBERDADE E PELA
JUSTIÇA

ÍNDICE

Seja bem-vindo, caro leitor!

É com grande entusiasmo que chegamos ao início de uma jornada fascinante e transformadora. Este livro, "A Direita Unida Vencerá", é mais do que uma simples obra literária; é um convite à reflexão, à ação e, principalmente, à união. Em tempos onde a sociedade enfrenta desafios sem precedentes, a informação e o engajamento tornam-se essenciais. Estamos em um momento crucial da política e do cotidiano em que não podemos nos dar ao luxo de permear pelo caminho da apatía. A união em torno de ideias comuns é o primeiro passo para produzir um impacto verdadeiro e duradouro.

Ao longo das páginas que se seguem, exploraremos juntos temas fundamentais que podem mudar não apenas a nossa forma de pensar, mas também o nosso modo de agir. Este livro foi cuidadosamente estruturado para atuar como um guia abrangente, repleto de insights e estratégias que nos capacitam a encarar a vida com uma nova perspectiva. Cada capítulo foi escrito com a intenção de inspirar e instigar; aqui, você encontrará ferramentas práticas que poderão ser aplicadas em seu dia a dia, ações que vão desde a construção de hábitos de sucesso até a gestão do tempo, passando pela importância da saúde mental e física.

A proposta aqui é construir uma narrativa rica em exemplos e experiências que ilustram a força da união. Faremos uma imersão em histórias inspiradoras de pessoas que, ao se unirem em torno de um objetivo comum, foram capazes de transformar suas comunidades e, quem sabe, até o mundo. Você verá que a força reside não apenas em ideias, mas também na determinação para lutar por elas, e que, juntos, somos mais fortes.

Caminhando adiante, refletiremos sobre o poder da mentalidade positiva, uma abordagem que pode nos ajudar a contornar as adversidades com leveza e resiliência. Você descobrirá que as dificuldades são oportunidades disfarçadas, e que nosso olhar sobre elas pode ser o diferencial entre o sucesso e o fracasso. O desafio será orientar-se rumo a um futuro inspirador, onde a esperança e a colaboração moldam o nosso destino.

E é isso que "A Direita Unida Vencerá" representa: a possibilidade de transformar não apenas a sua realidade, mas também a de todos ao seu redor. Cada dia é uma nova oportunidade para recomeçar, para lutar pelo que acreditamos e para contribuir com a construção de um mundo melhor. Ao explorar os capítulos deste livro, você será incentivado a identificar e a celebrar as pequenas vitórias diárias. A rotina, quando ritualizada e alinhada aos nossos valores, pode se tornar uma ferramenta para a realização de grandes sonhos.

Neste livro, o leitor encontrará, também, um espaço para discutir a construção de relações significativas, tanto no âmbito pessoal quanto profissional. O networking, o apoio mútuo e a solidariedade são pilares que apoiarão sua jornada em direção ao sucesso. Não é na individualidade que encontramos a verdadeira força, mas na coletividade. Ao olharmos para o futuro, seremos desafiados a nos envolver com nossa comunidade, a entender a importância da educação e da informação na formação de cidadãos conscientes e atuantes.

Este é o momento de reimaginar nossas possibilidades. De erguer a voz e desconstruir barreiras. Ao lado de pessoas que compartilham dos mesmos valores e sonhos, você perceberá que é possível fazer a diferença. Juntos, seremos capazes de enfrentar adversidades e construir um futuro de esperança e luz.

Assim, caro leitor, ao embarcar nessa aventura por meio das páginas de "A Direita Unida Vencerá", leve consigo a certeza de que cada visão, cada ação, e cada escolha que faremos juntos terá o poder de criar um impacto significativo. Prepare-se para a transformação. Venha, junte-se a nós nessa jornada de união e sucesso!

Com entusiasmo e gratidão,

Emanuel Waldomiro Barral dos Santos

Capítulo 1: A União como Força

A união é uma palavra poderosa. Ela carrega em si o significado de coletividade, de força e de esperança. Ao falarmos de união, nos deparamos com um conceito que vai muito além do simples agrupar pessoas; trata-se da articulação de sonhos e desafios em prol de um objetivo comum. Em tempos onde individualismo e divisões parecem prevalecer, refletir sobre o que podemos conquistar juntos resgata a essência da colaboração. Movimentos sociais e políticos ao longo da história ilustram essa união como uma força transformadora capaz de provocar mudanças profundas e reais nas sociedades.

Desde a luta pelos direitos civis até os movimentos que buscam justiça social, a união se revela como a base sólida de qualquer movimento significativo. Histórias permeadas por batalhas coletivas nos mostram que a voz de um único indivíduo, por mais forte que seja, pode ser amplificada e ressonante quando ecoada por muitos. Esses momentos não são apenas pontos de virada; eles representam a fusão de esperanças individuais em uma causa que transcende o individualismo.

Consideremos, por um instante, as crises enfrentadas por comunidades ao redor do mundo. A união se torna ainda mais evidente em tempos difíceis, onde os desafios são iminentes e as adversidades parecem insuperáveis. A força de um grupo é a luz que brilha na escuridão, guiando aqueles que se sentem perdidos ou sozinhos. Esse coletivo permite que ideias se tornem ações e, mais importante ainda, que ações se tornem mudanças impactantes.

Quando as pessoas se juntam, elas criam um espaço de diálogo, de escuta e de identificação. É nesse espaço que somos capazes de cultivar a empatia, fundamental para transformação. E este é o ponto de partida: a disposição para ouvir o outro e entender suas necessidades. Isso não somente fortalece o compromisso com um objetivo comum, mas também alimenta o espírito de comunidade. O diálogo é o alicerce de qualquer união que busca, acima de tudo, um bem maior.

A união buscada não se limita a um

único momento ou a um único grupo. O papel que cada um desempenha nessa rede interligada é crucial. Assim, sugiro que ao longo desta leitura, você também reflita sobre a sua união com o mundo ao seu redor. Pergunte-se: como posso contribuir para este coletivo? Quais passos posso tomar para fomentar uma cultura de cooperação e entendimento, não apenas em minha vida, mas em comunidades inteiras?

Por isso, convido você a introspecção. Examine suas relações, sua participação em grupos e seu comprometimento com as causas em que acredita. O que você pode fazer, a partir de agora, para fortalecer essas uniões e promover transformações significativas? Este é o momento de unir forças, dialogar e agir em conjunto, pois é na coletividade que encontraremos a verdadeira força para enfrentar qualquer desafio que a vida nos apresente.

Histórias de valor inestimável têm sua força na união. Ao longo do tempo, testemunhamos grandes marcos históricos que não seriam possíveis sem a colaboração e a solidariedade de muitas vozes. Um exemplo potente é o movimento pelos direitos civis nos Estados Unidos, liderado por figuras como Martin Luther King Jr. e Rosa Parks. Suas ações, ao lado de milhões de apoiadores, refletem o poder de uma coletividade unida em torno de um objetivo comum: a luta contra a discriminação e a busca pela igualdade. Essas pessoas não apenas lutaram por si mesmas; elas se tornaram a voz de uma geração.

Explorando a história de outros continentes, vemos o impacto da união na luta pela independência em diversos países da África. Ponderemos sobre as guerras de libertação que, apoiadas pela mobilização popular, desafiaram potências coloniais. Em cada um desses casos, a união se manifestou como um chamado mobilizador, onde pessoas de diferentes origens se uniram por um propósito mais elevado. A força que habita em uma comunidade é capaz de resistir e superar obstáculos antes considerados intransponíveis.

O meio ambiente é um patrimônio precioso que devemos preservar para as gerações futuras. No entanto, é fundamental equilibrar a proteção ambiental com o crescimento econômico e o desenvolvimento sustentável. A intervenção estatal excessiva e as regulamentações burocráticas podem sufocar a iniciativa privada e a inovação, prejudicando a economia e a criação de empregos.

É necessário um enfoque pragmático e baseado no mercado para resolver os problemas ambientais, incentivando a responsabilidade individual e a cooperação entre setores público e privado. A tecnologia e a inovação podem ser aliadas poderosas na redução do impacto ambiental, desde que não sejam cerceadas por regulamentações excessivas. Devemos proteger o meio ambiente sem comprometer a liberdade econômica e a prosperidade.

A união se revelando como a força motriz não se limita a garantir vitórias em lutas externas, mas também tem um papel profundo em nosso desenvolvimento pessoal e emocional. Ser parte de um grupo solidário, seja na família, em amizades ou no ambiente de trabalho, proporciona apoio inestimável nas dificuldades diárias. As experiências partilhadas entre as pessoas criam laços que fortalecem não só a resiliência individual, mas também a capacidade coletiva de enfrentar adversidades e encontrar soluções criativas para os problemas que surgem ao longo da vida.

Uma escuta empática é vital nesse processo de união. Sentir-se ouvido e compreendido é um elemento transformador que faz com que as pessoas se abram, compartilhem seus desafios e se sintam parte integrante de um todo. A empatia não apenas ilumina o caminho para a compreensão mútua, mas estabelece as bases de um ambiente de respeito e colaboração. Quando somos capazes de ver o outro com compaixão, estamos mais propensos a agir de forma altruísta e a contribuir para uma causa que vá além de nossas próprias necessidades.

Assim, torna-se evidente que a verdadeira força da união reside na capacidade de cada indivíduo de se conectar com o próximo. Ao encararmos a vida como um projeto coletivo, estamos convidando novos pensamentos e experiências significativas. Cada ato de bondade e colaboração constrói um alicerce mais forte para a comunidade, enquanto cada diálogo honesto e construtivo nos leva a um entendimento aprofundado das complexidades que nos cercam.

Vamos, portanto, abraçar essa realidade. Seja em um pequeno grupo ou em uma mobilização massiva, a união tem o potencial de transformar não apenas nosso entorno imediato, mas a sociedade como um todo. Que este momento de reflexão não apenas inspire a prática da união, mas também incite uma ação contínua em prol de mudanças que beneficiem a todos. Cada um de nós tem um papel fundamental nessa jornada. É hora de unirmo-nos pelo que acreditamos e lutarmos juntos com coragem e determinação.

Capítulo 1: A União como Força

Ao nos depararmos com o conceito de união, somos guiados a entender que é a essência da transformação social. Vemos que, por meio da união, cada voz se torna parte de uma sinfonia poderosa, onde o som de um único indivíduo se amplia, se enriquece e se torna harmonia coletiva. Essa capacidade de ressoar e de criar um eco de esperança é fundamental para a luta por direitos e para a construção de um futuro mais justo.

Mas, ao mesmo tempo, é crucial entendermos que a união não é apenas um ato superficial, uma mera aglomeração de pessoas em torno de um problema comum. Ela requer um comprometimento profundo, uma disposição para ir além das diferenças que nos separam. Nesse sentido, o diálogo se torna não apenas um meio de comunicação, mas uma ferramenta vital para edificar conexões autênticas e duradouras. Quando decidimos ouvir e dar espaço para que cada voz se expresse, criamos um ambiente propício à empatia e à compreensão mútua.

Vamos refletir sobre o que significa realmente dialogar. Não é somente compartilhar informações; é uma troca genuína que busca entender a perspectiva do outro. É nesse espaço que as ideias fervilham, que novas possibilidades emergem e que soluções antes inconcebíveis tornam-se viáveis. O ato de ouvir ativamente, por exemplo, nos permite captar nuances e emoções que podem ser perdidas em uma conversa meramente técnica ou superficial. É um passo em direção ao fortalecimento da união, pois, ao entendermos o outro, nos tornamos mais coesos e solidários.

Os desafios que enfrentamos, tanto individuais quanto coletivos, se revelam como oportunidades para exercitarmos essa união. Ao longo da história, observamos que líderes que engajaram suas comunidades em um diálogo aberto conseguiram não apenas promover mudanças sociais, mas também construir laços de solidariedade que perduram. Cada passo dado em frente é um testemunho de que a força da união é palpável e transformadora.

Imaginem uma comunidade enfrentando uma crise, seja econômica, social ou ambiental. É comum que os instintos individuais levem à fragmentação, ao medo e à desconfiança. Porém, se invertêssemos essa mentalidade, poderíamos ver a união como a primeira resposta ao caos. Grupos que se organizam para discutir e definir um plano de ação, que trazem suas realidades e dificuldades à mesa, podem, juntos, traçar um caminho de superação. Essa dinâmica não só gera soluções mais robustas, mas também reconstrói a confiança e a esperança em um mundo onde todos têm um papel a desempenhar.

É nesse cenário que entramos na importância da cooperação. Não se trata simplesmente de estar ao lado do outro; é sobre sentir-se parte indissociável de um todo, onde cada contribuição, por menor que pareça, é fundamental. Incentivar essa mentalidade é uma responsabilidade coletiva. Ao cultivarmos uma cultura que valoriza o ato de cooperar, criamos um ambiente fértil para o crescimento e a prosperidade.

Por fim, é imperativo que cada um de nós se pergunte: como posso eu, individualmente, contribuir para a união em minha comunidade? A resposta pode estar nas pequenas ações do cotidiano. O simples ato de oferecer ajuda a alguém em necessidade, de envolver-se numa causa maior ou mesmo de ser eficaz em nossos locais de trabalho pode estabelecer as bases para uma cultura de união. Mudanças significativas começam a partir de um compromisso pessoal com o todo, e a disposição de dar um passo à frente faz toda a diferença.

A união é um convite permanente à ação. Que possamos, ao longo desta jornada, não apenas entender, mas também viver esse conceito de forma prática e vibrante, contribuindo assim para um mundo mais solidário e interconectado. Por meio do diálogo, da cooperação e do comprometimento, a união se revela a força que transforma vidas, comunidades e sociedades. É uma jornada que começa com cada um de nós e que, quando trilhada em conjunto, pode nos conduzir a patamares que nem sequer imaginamos ser possíveis.

Capítulo 1: A União como Força

Ao refletirmos sobre a união, chegamos à compreensão de que essa força não é apenas um ideal. É uma prática diária, uma decisão consciente de transformar nosso entorno. Cada interação, cada gesto de apoio ou solidariedade, constrói uma rede invisível, mas poderosa, que sustenta nossas lutas e vitórias. Esse conceito nos impele a encarar não apenas nossos desafios individuais, mas também a coletiva que nos une.

Realmente, a união se manifesta em momentos de grandes crises, como o cenário pandêmico que enfrentamos nos últimos anos. Durante esse período, observamos a beleza da empatia e do apoio mútuo emergirem. Grupos formados por pessoas de diferentes origens e experiências se uniram para fornecer ajuda e apoio a quem precisava. É nesta proximidade real que a união se fortalece; é na capacidade humana de olhar além de si e perceber as necessidades do outro que reside o seu verdadeiro poder.

Não se esqueça de que essa força não exclui a individualidade; ela conecta. Pode-se sentir a beleza da diversidade na maneira como cada pessoa contribui com suas habilidades e perspectivas únicas. Como um músico numa orquestra, onde cada som se soma ao outro formando uma melodia harmoniosa. Façamos uma pausa para pensar sobre isso: quantas vezes deixamos de ouvir outras vozes simplesmente porque temos medo de que nossas opiniões individuais não se alinhem? Esta mentalidade precisa ser transformada. Precisamos nos abrir para o entendimento de que somos mais fortes juntos, que nossas diferenças são, na verdade, o que nos enriquece.

A reflexão nos levará a um compromisso mais profundo com a causa comum que nos une. Ao examinarmos nossas relações, é importante perguntar-se: como posso ser um agente de união em minha vida? Esse questionamento é o primeiro passo em direção a uma ação efetiva. Para cultivar uma cultura de colaboração, devemos nos propagar por meio da prática—ser voluntários nas comunidades, participar de grupos de debate, abrir espaço em nossos círculos para novas ideias e perspectivas.

Em uma sociedade marcada por divisões, precisamos ser os primeiros a tomar a atitude de reconstruir. Isso significa não apenas levantar a voz contra a injustiça, mas também ser parte ativamente da construção de soluções. Ao decidirmos unir forças em torno de uma causa maior, começamos a enxergar mudanças significativas que vão se desdobrando lentamente, mas constantemente. Quando nos unimos como comunidade, o impacto de nossa ação se torna muito mais profundo e abrangente.

Assim, gostaria que você se visse não apenas como espectador da mudança, mas como um agente dela. Cada pequeno ato de bondade, cada palavra de apoio que você oferece, contribui para um tecido social mais forte. Portanto, ao continuar esta jornada de autodescoberta e coletividade, lembre-se de que estamos todos interligados. A união é uma força que você carrega dentro de si—basta olhar ao seu redor e praticá-la.

Seja a mudança que você deseja ver. Participe de diálogos significativos que promovem o entendimento e a empatia. Reconheça na diversidade um aliado e não um obstáculo. O compromisso com a união é o primeiro marco em direção a um mundo melhor, e essa jornada começa com você. Ao longo deste capítulo, fui desafiado a ler e refletir sobre minha própria relação com a união. Que encoraje a você, leitor, a explorar seu potencial de conexão, e que juntos possamos, de fato, transformar realidades e construir um futuro onde a união se celebre a cada dia.

À medida que passamos para os próximos capítulos, levemos esses pensamentos e reflexões conosco. Mantenhamos a chama da união acessa, pois é nesse calor que surgirão, sem dúvida, as mais magníficas transformações. A união não é um destino, mas um caminho a ser trilhado por todos nós. É nesse espiral de ações e diálogos que nos tornaremos a força que não só resiste às adversidades, mas também as transforma em oportunidades para crescermos juntos. Vamos adiante, pois o melhor ainda está por vir!

Capítulo 2: O Poder da Mentalidade Positiva

A importância da mentalidade positiva não pode ser subestimada em um mundo onde as incertezas e os desafios se fazem presentes a cada esquina. Nossa maneira de encarar as situações, especialmente quando a adversidade se aproxima, molda não apenas nosso estado emocional, mas, fundamentalmente, os resultados de nossas ações. Tão conhecida, essa ideia teve ao longo da história exemplos concretos que enfatizam como um olhar otimista pode não apenas influenciar o indivíduo, mas, por extensão, a coletividade.

Quando examinamos as vidas de grandes líderes e inovadores, percebemos que muitos deles enfrentaram dificuldades enormes. No entanto, aquilo que os distinguiu não foi apenas as suas habilidades ou recursos, mas a escolha deliberada de uma mentalidade positiva. Pense em ícones como Nelson Mandela, que, mesmo diante de anos de encarceramento, manteve uma visão de futuro pautada na esperança e no perdão. Sua determinação trouxe não apenas libertação individual, mas também a possibilidade de transformação de uma nação. A mentalidade positiva não é um mero pensamento positivo; é uma ferramenta poderosa que nos permite transcender as circunstâncias e transformar crises em oportunidades.

A forma como encaramos nossos desafios diários determina a qualidade de nossas vidas. Uma mentalidade negativa pode criar um ciclo vicioso que, em vez de ajudar, apenas atrasa o nosso progresso. Ao contrário, alimentando pensamentos positivos, estamos sendo arquitetos de nosso próprio destino. Vislumbrar um futuro promissor nos dá forças não apenas para continuar, mas para prosperar. Única em sua grandeza, a mentalidade positiva atua como uma ponte que nos liga à realização de nosso potencial máximo.

Histórias pessoalmente vividas demonstram como essa escolha pode ser feita no cotidiano. Pode-se observar pequenas vitórias na cultura de gratidão, onde aqueles que praticam buscar expressar agradecimento por cada pequena bênção começam a notar mudanças em sua perspectiva e, consequentemente, em suas vidas. A prática diária de anotar motivos de gratidão, por exemplo, foi transformadora para muitos, trazendo consigo um aumento surpreendente no bem-estar emocional e social. Essa prática simples cultivou a felicidade interior, diminuindo sentimentos de ansiedade e amargura, ao passo que ampliou a capacidade de se reconectar com a alegria do viver.

Intrinsecamente relacionada a esse processo está a evolução contínua do autoconhecimento. Ao desenvolver uma compreensão mais profunda de nós mesmos e de nossas emoções, adquirimos a autonomia e a liberdade necessária para moldar nossa realidade. Pergunte-se: o que realmente me impede de ver as bênçãos ao meu redor? Muitas vezes, as maiores barreiras são criadas em nossa mente, e a libertação dessas correntes está em reconhecer seu potencial e a força que reside dentro de cada um de nós. Essa tomada de consciência é um passo crucial para libertar-se do peso das expectativas externas, permitindo-se desvincular da sombra da autojulgamento.

Assim, convido você a embarcar nesta jornada de introspecção. Vamos juntos desbravar os fundamentos da mentalidade positiva, desconstruindo crenças e práticas que nos mantenham ancorados em visões menores. É hora de explorar o poder que se encontra nas palavras que escolhemos adotar, nos ambientes que frequentamos e no nosso círculo de relacionamentos. Porque, ao final, é essa escolha de se manter positivo — mesmo nas adversidades — que revelará o melhor de nós mesmos e, por conseguinte, impactará aqueles que nos cercam.

Neste capítulo, começaremos um novo ciclo de autodescoberta e crescimento. A mudança não é um destino, mas um percurso, e cada passo dado em direção a uma mentalidade positiva é uma declaração de intenção, um compromisso com um futuro onde o otimismo é não apenas uma escolha, mas um estilo de viver. Vamos praticar e exercitar essa positividade diariamente, permitindo que ela se enraize em nossas ações e transforme não apenas nossas vidas, mas o mundo ao nosso redor.

Desconstruir crenças limitantes é um passo crucial na jornada da autotransformação. Muitas vezes, nos deparamos com pensamentos que nos paralizam, crenças que se enraizaram em nossa mente e que, sem questionamento, aceitamos como verdades absolutes. Essas crenças, frequentemente originadas de experiências passadas, de comentários de outras pessoas ou mesmo de padrões culturais, podem nos impedir de visualizar nosso verdadeiro potencial. É fundamental, portanto, identificar essas limitações e desafiá-las.

Primeiramente, é importante reconhecer de onde vêm tais crenças. Muitas vezes, elas são heranças de um ensinamento distorcido ou de uma ideia preconcebida que nos foi imposta. Por exemplo, se desde a infância ouvimos que "não somos bons o suficiente" ou que "falhar é vergonhoso", é fácil entender como isso se transforma em uma barreira quase intransponível na vida adulta. A consciência de sua origem é o primeiro passo para ressignificar essas crenças.

Uma vez que identificamos essas

limitações, surge a necessidade de questioná-las. Pergunte-se: "Essa crença é realmente verdadeira?" ou "Qual é a evidência que apoia essa ideia?". Muitas vezes, ao avaliá-las com um olhar crítico, percebemos que estão baseadas em suposições e generalizações que não se sustentam. A lógica pode ser um grande aliado nesse processo. Se conseguirmos visualizar a falibilidade dessas crenças, estamos um passo mais perto de desconstruí-las.

Implementar práticas diárias que promovam um novo pensamento é essencial para a transformação. Um método eficaz é a prática da visualização positiva. Imagine-se superando desafios, alcançando seus objetivos e vivendo a vida que deseja. Visualizar seu sucesso reforça a crença de que isso é possível, alimentando uma mentalidade próspera e otimista. Essa técnica não apenas luta contra as crenças limitantes, mas também cria novas crenças que impulsionam o ser humano para frente.

Outras estratégias incluem a prática da gratidão e o cultivo da autoafirmação. Iniciar o dia fazendo uma lista das coisas pelas quais você é grato reforça uma mentalidade positiva e te permite abraçar as possibilidades à sua frente. Além disso, utilizar afirmações que promovam a autoestima e autoconfiança, como "eu sou capaz" ou "eu mereço sucesso", cria um novo diálogo interno que, no decorrer do tempo, se transforma em uma verdade vivida.

Por fim, o suporte de outras pessoas pode ser fundamental nesse processo. Estar cercado por aqueles que acreditam em seu potencial ajuda a fortalecer sua jornada. A troca de experiências e o incentivo mútuo entre amigos e mentores proporcionam uma rede de segurança onde é possível reconstruir e ressignificar crenças limitantes.

O campo da autotransformação é vasto, e as crenças limitantes podem ser desafiadas e superadas. A verdadeira liberdade reside na consciência e na escolha de abraçar nosso potencial em toda a sua plenitude. Ao reconhecermos o nosso valor e construirmos um caminho fundamentado pela autoconfiança e pelo amor-próprio, podemos não apenas nos libertar das amarras das crenças limitantes, mas, também, inspirar outros a fazer o mesmo. A transformação começa dentro, mas seu reflexo impacta o mundo ao nosso redor.

Ao longo da nossa jornada pela vida, tornar-se conscientes da importância de uma mentalidade positiva é essencial. Cada dia que se inicia traz consigo a oportunidade de moldar nossos pensamentos, agir eficazmente e cultivar hábitos que nos elevam a novos patamares. Agora, convido você a praticar estratégias que não apenas nutrem sua mente, mas que também promovem um ambiente interno e externo mais saudável e vibrante.

Exercitar a positividade começa com simples práticas diárias. Uma das maneiras mais poderosas de começar é através da gratidão. Reserve um momento ao amanhecer ou ao final do dia para refletir sobre as coisas pelas quais você é grato. Pode ser o sorriso de um amigo, a funcionalidade da sua casa ou até mesmo um pôr do sol deslumbrante. Ao focar nesses aspectos, sua mente é treinada para buscar o positivo mesmo em meio a dificuldades, criando um hábito transformador que influencia seu bem-estar emocional.

Visualização é outra técnica poderosa a ser incorporada. Dedique alguns minutos diariamente para imaginar seus objetivos se concretizando. Se você deseja um novo emprego, visualize-se naquele ambiente, sentindo a satisfação de seu trabalho. Essa prática não apenas fortalece sua crença em suas capacidades, mas também ajuda a alinhar suas ações com as metas que deseja alcançar.

Além dessas práticas, o autoconhecimento deve ser um guia essencial. Questione-se regularmente sobre suas emoções e sentimentos. Como você se sente aproximadamente as situações? O que poderia melhorar seu estado emocional? Perguntas simples, mas profundas, ajudam a cultivar uma maior consciência de si mesmo e a promover ajustes que garantem a saúde mental.

Outra área crucial a ser abordada é o círculo social. As pessoas que nos rodeiam desempenham um papel significativo na formação de nossa mentalidade. Cultive relacionamentos com indivíduos que compartilhem de sua visão positiva, que o apoiem em suas metas e que inspirem uma mentalidade de crescimento. Conversas e interações com pessoas que emanam positividade e motivação não só revitalizam, como também amplificam seu entusiasmo e determinação.

Quando nos permitimos respirar e apreciar a conexão com os outros, criamos uma comunidade — e é nessa coletividade que a força da união se revela em sua plenitude. Compartilhar alegrias e desafios em um ambiente que valoriza a positividade proporciona um escapar do negativismo que frequentemente permeia o cotidiano.

Portanto, vamos unir forças nessa jornada. Cada prática, cada momento dedicado ao fortalecimento da sua mentalidade positiva se transforma em um passo para um futuro mais brilhante. Um futuro onde a união e o otimismo se tornam a base de tudo o que desejamos realizar. Ao final do dia, lembre-se: sua mente é um jardim e suas atitudes, as sementes. Cultive um espaço de positividade e observe florescer as possibilidades que surgem através da ação e da conexão com quem você ama e respeita.

Assim, ao avançarmos neste livro, teremos uma senda clara em direção ao autoconhecimento que enriquece não apenas nossas vidas, mas também aquelas que tocamos. É através desses passos diários que podemos, juntos, conquistar um futuro cheio de esperança e realizações.

Cultivar um ambiente positivo é essencial para alimentar nossa mentalidade e promover nosso crescimento pessoal. O espaço em que vivemos, as pessoas com quem nos cercamos e os conteúdos que consumimos têm um impacto significativo em nossa saúde emocional e em nossos resultados. Para começar, vamos refletir sobre o ambiente físico e emocional que criamos ao nosso redor.

Um ambiente organizado e acolhedor favorece a clareza mental e a produtividade. Ambientes caóticos, por outro lado, tendem a trazer desconforto e distrações, dificultando nossa capacidade de foco. Pense como você se sente quando está em um lugar limpo e bem cuidado. Há uma sensação de paz e liberdade, que nos impulsiona a agir com mais clareza e energia. Ao contrário, um local bagunçado pode causar inquietude e até ansiedade. Assim, cada pequena mudança na disposição de nossos espaços pode trazer impactos profundos em nossa disposição emocional.

É igualmente importante prestar atenção às pessoas que nos rodeiam. Os relacionamentos que cultivamos têm um papel crucial em nossa mentalidade. Estar próximo de indivíduos positivos e motivados nos inspira e incentiva a seguir nossos próprios caminhos. Construa relacionamentos com pessoas que compartilham seus interesses e que são também apolíticas de crescimento e mudança. Amizades que nos puxam para baixo são obstáculos, enquanto aquelas que nos elevam são fundamentais para alcançarmos nossos objetivos.

E claro, os conteúdos que consumimos diariamente têm um papel formador em nossa mentalidade. O que assistimos na televisão, lemos nos livros ou até mesmo em redes sociais molda nosso pensamento de maneiras que muitas vezes nem percebemos. Manter-se atento a isso é fundamental. É preferível investir tempo em conteúdos que alimentam nossa mente e expandem nosso conhecimento, ao invés de nos perdermos em distrações não construtivas.

Além do espaço físico e social, também é importante destacar a relevância do apoio emocional. Buscar um grupo de suporte ou um mentor pode ser determinante nesse processo. Ter alguém com quem compartilhar experiências, pedir conselhos e até mesmo desabafar traz uma nova perspectiva sobre os desafios que enfrentamos, ajudando-nos a manter a motivação viva.

E, claro, a prática da gratidão é uma ferramenta poderosa que todos podemos incluir em nossas rotinas. Reserve um tempo para reconhecer as coisas boas ao seu redor, independente de quão pequenas possam parecer. Essa prática simples é capaz de cultivar um sentimento de contentamento e positividade que reverbera em todas as áreas de nossas vidas.

Por fim, encorajo você a se

comprometer com um plano de ação. Defina como deseja organizar seu ambiente, quais relações vai cultivar e que conteúdos vai consumir. Essa deliberada atenção a cada aspecto da sua ambiência permitirá que você crie um espaço fértil para uma mentalidade positiva se desenvolver. Afinal, cuidar do ambiente emocional e físico é um investimento contínuo que traz retornos infinitos em felicidade, motivação e sucesso.

Portanto, ao seguir em frente, mantenha sempre em mente que a transformação começa dentro de você, e que a maneira como você molda seu ambiente irá refletir diretamente na qualidade da sua vida e das suas realizações. Este é um convite à ação. Escolha conscientemente a ambiência que serve como suporte para seus sonhos e objetivos, criando, assim, um local onde a união e a positividade possam florescer diariamente.

Capítulo 3: Criando Hábitos de Sucesso

A importância dos hábitos em nossas vidas não pode ser subestimada. Eles são as rotinas silenciosas que moldam nosso comportamento e, por consequência, nossos resultados. Na vida cotidiana, muitos podem parecer insignificantes, mas são esses pequenos comportamentos que, una vez consolidados, se transformam em poderosas ferramentas de transformação. Ao entendermos como nossos hábitos funcionam, começamos a ter uma visão clara de como podemos alterá-los para melhor, criando uma vida mais produtiva e alinhada com nossos objetivos.

É fascinante perceber como os hábitos agem quase como uma engrenagem em nossa rotina. Desde o momento em que acordamos até quando vamos para a cama, nossas decisões são em grande parte ditadas por hábitos. Eles não apenas estabelecem uma estrutura em nosso dia, mas também influenciam nosso estado emocional. Por exemplo, quem começa o dia com uma rotina positiva, como meditação ou exercícios, tende a perceber o mundo ao seu redor com mais clareza e otimismo. Essa conexão entre hábitos e atitudes é essencial para entender o poder que as pequenas ações diárias têm sobre nós.

Vários estudiosos e pensadores abordaram a importância dos hábitos em suas obras. Um trecho icônico de Aristóteles diz: "Nós somos o que repetidamente fazemos. A excelência, portanto, não é um ato, mas um hábito." Essa citação ecoa através do tempo, reforçando a noção de que a prática constante leva à maestria e, consequentemente, ao sucesso. Basta observar líderes inspiradores ao longo da história — suas vidas foram frequentemente moldadas por hábitos que os levaram a grandes conquistas.

No entanto, vale lembrar que, embora tenhamos a capacidade de criar hábitos positivos, também estamos cercados de práticas prejudiciais que nos afastam de nossos objetivos. A procrastinação, por exemplo, é uma inimiga comum que pode minar a produtividade e a motivação. O hábito de deixar tarefas importantes para depois pode, aos poucos, comprometer nosso tempo e energia. Reconhecer esses padrões em nossas vidas é o primeiro passo para superá-los.

Portanto, que tal fazer uma pausa para reflexão? Pergunte a si mesmo: "Quais hábitos me ajudam a avançar em direção aos meus objetivos e quais me mantêm estagnado?" Ao fazer isso, você começa a colocar em prática a conscientização sobre suas rotinas. As mudanças não precisam ser drásticas; a transformação começa com pequenas decisões cotidianas. Ao cultivar hábitos saudáveis e benéficos, você não apenas melhora sua vida, mas também inspira aqueles ao seu redor a fazer o mesmo.

Lembre-se, todos os hábitos são como sementes plantadas em um solo fértil. Se forem regados e tratados com carinho, crescerão e florescerão em sua vida. Vamos juntos explorar como podemos adaptar e até mesmo reinventar esses padrões, criando um ciclo virtuoso que garanta hábitos que conduzam ao sucesso e à realização pessoal. A mudança começa aqui, e o poder está em suas mãos.

Identificar hábitos prejudiciais é um passo fundamental na trajetória em direção ao sucesso. Esses hábitos, muitas vezes, se manifestam de maneiras sutis, caminhando em nosso cotidiano sem que tenhamos plena consciência do impacto que causam em nossa vida. Pode ser a procrastinação, que se infiltra no dia a dia, fazendo com que adiemos prazos e compromissos importantes, ou a falta de organização, que transforma o simples ato de encontrar um documento em um desafio monumental. Esses comportamentos, ao longo do tempo, podem gerar sentimentos de estresse, sobrecarga e até mesmo de fracasso.

Um hábito comum, a autocrítica, se torna uma armadilha interna que minamos nosso autoestima. Muitas vezes, somos nossos críticos mais severos, e isso pode resultar em uma percepção distorcida de nossas capacidades. Ao invés de analisar os erros como oportunidades de aprendizado, acabamos com um peso desnecessário que nos impede de avançar. Pergunte-se: quantas vezes uma palavra negativa sua conseguiu pará-lo em sua trajetória? O fardo emocional é incalculável, e reconhecer isso é o primeiro passo para superá-lo.

Para facilitar essa identificação, sugiro um exercício de reflexão. Reserve um momento em um lugar tranquilo, onde possa pensar sem interrupções. Pegue um caderno e anote os hábitos que você considera prejudiciais em sua vida. Pense em situações em que esses hábitos se manifestam e quais consequências eles trouxeram. Depois, sem pressa, reescreva esses hábitos, transformando-os em questionamentos. Por exemplo, ao invés de se perguntar "Por que eu sempre deixo tudo para depois?", formule uma pergunta mais produtiva: "Como posso administrar melhor meu tempo para atender a todas as minhas responsabilidades?".

Além disso, vale a pena refletir sobre as consequências dessas escolhas. A procrastinação pode resultar em prazos não cumpridos e estresse desnecessário, enquanto a falta de organização pode desencadear um ciclo de nervosismo e perda de foco. Ao fazer essas conexões, torna-se mais visível o custo emocional e prático de nossos hábitos, tornando necessário um movimento em direção à mudança.

Uma vez que essa lista esteja completa e suas reflexões tenham sido registradas, o próximo passo é a conscientização contínua. Escolha um ou dois hábitos críticos para focar inicialmente; o importante é não se deixar sobrecarregar com mudanças radicais. Ao longo do tempo, quando você percebe que um hábito está se repetindo, lembre-se da lista que você criou e envolva-se em uma autoconversa leve, lembrando-se do quão poderoso é ter a escolha e a capacidade de mudar.

Em suma, a identificação consciente de hábitos prejudiciais é uma etapa decisiva na construção de uma mentalidade e rotina voltada para o sucesso. Nas próximas páginas, iremos explorar estratégias práticas que podem ajudar a substituir esses padrões limitantes por hábitos positivos, criando um espaço em sua vida para novas possibilidades e conquistas. Prepare-se para essa jornada transformadora; escrevamos juntos as próximas etapas de sua história.

Implementar novos hábitos positivos é uma das transformações mais impactantes que podemos fazer em nossas vidas. Nesse contexto, entender como esse processo se desenrola pode ser a chave para entrarem em um novo patamar de realização e bem-estar. A criação de hábitos não é apenas uma questão de repetição diária, mas sim de consciência, estratégia e uma boa dose de motivação.

Um dos métodos mais conhecidos e eficazes é a regra dos 21 dias. Essa abordagem sugere que, para que um novo hábito se torne parte integrante da sua rotina, você deve praticá-lo todos os dias por três semanas. A ideia é que, após esse período, o comportamento se tornará quase automático, reduzindo o esforço requerido para mantê-lo. No entanto, vale a pena ressaltar que cada indivíduo é único e pode levar um tempo diferente para formar um hábito.

Para começar, escolha um novo hábito que você deseja implementar. É essencial que esse hábito seja específico e realista. Por exemplo, se desejar se exercitar mais, opte por algo concreto, como "caminhar 20 minutos após o jantar". Escrever essa meta em um local visível pode servir como um lembrete constante, ajudando a manter o foco.

Os lembretes visuais são outra estratégia poderosa que ajuda a ancorar novos hábitos na sua rotina. Coloque post-its em locais estratégicos, como na geladeira ou no espelho do banheiro, com mensagens motivacionais que lembrem você do seu novo objetivo. Esses pequenos "tapinhas" na consciência podem ser o empurrão necessário para manter a consistência.

Um ambiente favorável também desempenha um papel crucial na implementação de novos hábitos. Pense em como você pode ajustar seu espaço para apoiar suas novas rotinas. Se o objetivo é comer de maneira mais saudável, por que não abastecer sua despensa e geladeira com frutas e legumes frescos? Ao criar um ambiente que promova a prática de seus novos hábitos, o sucesso se torna mais acessível e sustentável.

Integrar o novo hábito à sua rotina já estabelecida é um ato inteligente e eficaz. Isso pode ser feito através do que chamamos de "anexação de hábitos". Por exemplo, se você já tem o hábito de escovar os dentes todas as manhãs, pode adicionar o novo hábito de meditar por cinco minutos logo em seguida. Isso cria um laço prático que facilita a incorporação das mudanças desejadas.

Por último, mas não menos importante, a prática da autoafirmação pode ser um aliado poderoso nesse processo. Repetir afirmativas positivas relacionadas ao seu novo hábito pode reforçar a crença de que você é capaz de fazer essa mudança. Algo simples como "Eu me comprometo a me movimentar diariamente" pode ser uma poderosa ferramenta mental, ajudando a solidificar a mudança em sua identidade.

Ao aplicar essas estratégias, lembre-se de que a jornada em direção ao estabelecimento de novos hábitos é um processo que exige paciência e dedicação. O caminho pode ser repleto de altos e baixos, mas cada esforço investido traz consigo o potencial de transformação. Cada pequeno passo dado é uma vitória em direção ao seu bem-estar e sucesso, e gradualmente você perceberá a magnitude dessas pequenas mudanças que, somadas, resultarão em uma verdadeira revolução em sua vida.

Esta é uma etapa fundamental na construção de uma vida onde a união e a mentalidade positiva trabalham em conjunto para conduzir a resultados significativos e duradouros. A escolha de novos hábitos não apenas transforma sua rotina, mas cria um impacto real em quem você é e em como se vê no mundo. Prepare-se para continuar sua jornada e colher os frutos dessas práticas transformadoras!

Manter a motivação em uma jornada de transformação pessoal é um desafio que muitos enfrentam. Com o passar do tempo, o entusiasmo inicial pode ceder lugar ao cansaço e à rotina, tornando difícil sustentar o impulso necessário para cumprir novas metas. Nesse contexto, é vital encontrar fontes de inspiração. Uma boa maneira de começar é se conectar com grupos de apoio ou de responsabilidade, onde seja possível compartilhar experiências, celebrar conquistas e enfrentar desafios em conjunto.

Esses grupos representam verdadeiros núcleos de motivação. A troca entre indivíduos que buscam alcançar objetivos semelhantes pode revigorar nosso desejo de progredir. Saber que não estamos sozinhos em nossa busca por mudanças pode ser um poderoso estímulo para continuar. Quando um membro do grupo conquista uma meta, isso não só reforça a crença coletiva de que o sucesso é possível, mas também nos inspira a perseguir nossos próprios objetivos com mais determinação.

Além disso, deve-se tratar do cuidado constante sobre o que consumimos. Livros, podcasts e palestras que promovam o desenvolvimento pessoal são importantes aliados nesse percurso. Ao se rodear de mensagens motivadoras e de pessoas bem-sucedidas, criamos um ambiente virtual que nutre nossas aspirantes. Lembre-se: o que aprendemos influencia diretamente nossa maneira de pensar e agir, e, portanto, absorver conteúdos edificantes é um investimento valioso.

Outra estratégia eficaz para manter a motivação é a definição de metas mensuráveis. Dividir grandes objetivos em pequenas etapas pode não apenas facilitar a execução, mas também permitir a celebração do progresso ao longo do caminho. Ao definir marcos e reconhecer suas pequenas vitórias, o sentimento de realização se intensifica, impulsionando a motivação e a determinação. Um simples ritual de celebração, por menor que seja, pode servir como um banho revigorante de positividade.

Alguns preferem anotar suas vitórias em um diário, registrando cada realização, independentemente de sua magnitude. Cada página preenchida se torna um testemunho do progresso individual. Essa prática de reflexão gera um espaço seguro para autoafirmações, e, ao revisitar essas memórias, podemos encontrar o ânimo necessário nos momentos de desafio.

Por fim, é fundamental dar-se permissão para descansos e pausas ao longo do caminho. A transformação não precisa ser um processo linear e incessante. Ao permitir-se reavaliar e ajustar suas metas com o tempo, você consegue criar uma trajetória harmoniosa entre realização e autocuidado. O descanso é uma parte importante da produtividade, e ao incorporar momentos de reflexão sobre suas realizações você consegue recarregar as energias e enfrentar novas etapas com uma perspectiva renovada.

Assim, à medida que avançamos neste capítulo, mantenha sempre em mente que a motivação é uma energia que deve ser alimentada continuamente. As fontes são variadas e adaptáveis, e cada pequeno passo dado é um passo em direção ao seu objetivo maior. A alegria do progresso deve ser celebrada, e o poder da unidade, na busca por uma vida mais plena, jamais deve ser subestimado. É essa sinergia que potencializa sua jornada em direção ao sucesso, recordando sempre que a união e a determinação possuem um valor inestimável.

Capítulo 4: A Ritualização da Rotina

A importância da rotina em nossas vidas muitas vezes é subestimada. Para muitos, a ideia de rotina remete a monotonia, a uma sequência de tarefas repetitivas que limitam a liberdade. No entanto, o que muitas pessoas não percebem é que a rotina é um poderoso aliado na conquista de nossos objetivos. Num mundo caótico, onde as distrações são constantes, ritualizar algumas atividades pode nos proporcionar estrutura e foco, transformando a maneira como vivemos e trabalhamos.

Ao falarmos sobre a ritualização da rotina, é inspirador lembrar as palavras de Tony Robbins: "A qualidade da sua vida é determinada pela qualidade das suas rotinas." Essa citação ressoa profundamente quando analisamos o impacto que pequenas ações podem ter em nossos dias. Se a rotina é composta por ações que nos trazem bem-estar e eficiência, o resultado será uma vida mais gratificante.

Um dos elementos essenciais para entender a ritualização da rotina é a introdução de hábitos saudáveis. Meditação, exercícios físicos, uma alimentação balanceada e momentos de descontração são pilares fundamentais que, quando incorporados ao nosso dia a dia, não apenas melhoram a qualidade de vida, mas também elevam a nossa produtividade. Estudos recentes demonstram que apenas alguns minutos de meditação diariamente podem reduzir significativamente os níveis de estresse e aumentar a clareza mental, o que ressalta o poder desses rituais.

Quando decide implementar esses rituais em sua vida, é importante fazer isso de forma gradual e consciente. Para aqueles que estão iniciando essa jornada, um exercício prático pode ser a criação de uma lista de atividades que desejariam incluir em sua rotina.

1. Identificação dos Valores Pessoais: O primeiro passo é refletir sobre o que realmente é importante para você. Quais atividades trazem alegria e bem-estar?

2. Definição de Horários: Depois de identificar essas atividades, defina horários

específicos para realizá-las. Por exemplo, você pode decidir meditar todos os dias às 7h da manhã ou dedicar uma hora do seu dia para atividades físicas.

3. Implementação Gradual: Em vez de tentar implementar todas as mudanças de uma vez, opte por começar devagar. Adicione um novo ritual a cada semana, permitindo que se torne parte integrante da sua rotina.

4. Documentação das Experiências: Mantenha um diário de reflexão onde você pode documentar como se sente após a prática desses rituais. Esta prática não só ajuda a intensificar o compromisso, mas também favorece uma avaliação contínua dos benefícios que essas mudanças trazem para sua vida.

5. Personalização: É fundamental que os rituais ressoem com sua essência. Cada pessoa é única, e a personalização é a chave para que esses hábitos se consolidem e se tornem sustentáveis. Se você ama a natureza, considere incluir caminhadas ao ar livre em sua rotina.

Vejamos o exemplo de algumas personalidades inspiradoras, como atletas e empreendedores, que adotam rotinas rigorosas que as colocam em sintonia consigo mesmas e com seus objetivos. A história de pessoas como Roger Federer, que faz questão de incluir exercícios de visualização esportiva em sua rotina, ou de CEOs que reservam um tempo diariamente para leituras inspiradoras, serve para mostrar que a ritualização não apenas potencializa desempenho, mas também promove saúde mental e física.

Portanto, ao final deste capítulo, convido você a olhar atentamente para sua rotina atual. Em que pontos você pode integrar rituais que realmente atendam suas necessidades e objetivos? A transformação começa quando decidimos não apenas sonhar, mas agir. Ao ritualizarmos nossas atividades diárias, abrimos espaço para que novos hábitos floreçam, permitindo-nos viver de forma plena e alinhada com propósito. Vamos juntos descobrir como essas pequenas mudanças podem resultar em um impacto imenso em nossas vidas.

A ritualização da rotina é um caminho repleto de possibilidades transformadoras, que se estende além da repetição das atividades diárias, trazendo um sentido profundo e propósito a essas ações. Através da incorporação consciente de rituais, criamos uma estrutura que não apenas nos organiza, mas também nos ensina a viver com mais intensidade e foco. Devemos lembrar que tudo começa com uma escolha deliberada: a de dar valor ao que fazemos e ao modo como vivemos.

Ao analisarmos nossos dias, percebemos que existem momentos decididamente mágicos que podem ser potencializados com rituais. Por exemplo, imagine começar sua manhã com um pequeno ritual de gratidão, onde você lista mentalmente ou em um diário as coisas pelas quais é grato. Esse simples ato pode reprogramar sua mente, preparando-a para abraçar o dia que está por vir. À medida que o dia avança, integrar pausas consciente para a respiração ou para a meditação representa não apenas um descanso, mas um gesto intencional de autocuidado que nos ancla no presente.

Além disso, ao implementarmos práticas saudáveis, como alongamentos ou exercícios diários, sustentamos não apenas o bem-estar físico, mas também estimulamos a saúde mental. O segredo está em fazer com que essas atividades se tornem um hábito sagrado, um momento reservado só para você, onde consagra um tempo de qualidade para estar consigo mesmo. Por exemplo, se colocar em movimento é um desafio, tente associá-lo a algo que você já ama fazer, como ouvir sua música favorita ou um podcast inspirador.

Uma parte fundamental da ritualização está relacionada ao planejamento e à intenção. Portanto, antes de dormir, criar uma mini-ritual de reflexão noturna pode ser extremamente benéfico. Faça um exercício simples: anote três conquistas do dia e visualiza um objetivo que gostaria de alcançar no dia seguinte. Com isso, você adormece em um estado de esperança e motivação, influenciando diretamente os pensamentos e ações do dia seguinte.

Esses pequenos rituais, embora possam parecer insignificantes à primeira vista, têm o potencial de criar ondas de mudança em sua vida. É por isso que, ao reavaliar sua rotina, convido você a olhar para cada atividade diária como uma oportunidade de ritualizar e investir energia positiva. Seja você quem defina o significado de cada momento e o poder que eles exercem sobre sua jornada.

O nosso foco, ao longo deste capítulo, será explorar como transformar essas práticas em imersões diárias de cuidado e atenção, que não apenas elevem aonde estamos, mas também nos coloquem no caminho da realização e do propósito. A rotina, portanto, deve ser vista como um solo fértil onde cultivamos as sementes de nossos sonhos. Afinal, ao rigidamente ritualizar nossas ações cotidianas, nós não apenas nos aperfeiçoamos, mas também contribuímos para um mundo mais harmonioso e próspero. Persistiremos juntos nessa jornada, onde cada pequeno gesto se torna um passo em direção à grande transformação que tanto almejamos.

Esta transformação leva tempo e dedicação, e não devemos esquecer de valorizar cada passo dado. Convido você a começar agora, a ajustar seu olhar e se abraçar com gratidão e intenções, porque é assim que verdadeiramente começamos a ritualizar nossas vidas.

À medida que nos aprofundamos na arte de ritualizar a rotina, é crucial compreender que cada pequena ação que decidimos integrar em nosso dia a dia pode trazer consequências muito além do que imaginamos. A magia está na regularidade, na repetição e na intenção com que realizamos cada tarefa, pois é através delas que construímos o alicerce do nosso sucesso.

Vamos dar continuidade ao nosso entendimento sobre a ritualização por meio de exemplos práticos. Um ritual matinal bem estruturado pode ser transformador. Considere a prática de acordar sempre na mesma hora, seguir com um copo d'água, seguir para uma sessão de alongamento e, em seguida, meditar por cinco minutos. Isso não é apenas um conjunto de tarefas — é um investimento em sua saúde física, mental e emocional. Você está criando um espaço sagrado logo no início do dia que solidifica o foco e a energia necessários para enfrentar os desafios que virão.

Vale lembrar que cada um desses rituais deve ser algo que ressoe com você. Se a meditação não parece atraente, talvez uma caminhada ao ar livre pela vizinhança traga a mesma sensação de renovação e clareza mental. O importante é encontrar o que melhor se adapta ao seu jeito de ser. É na personalização desses rituais que se encontra a verdadeira eficácia.

E ao longo do dia, como manter a essência da ritualização? Uma dica poderosa é a implementação de micro-ritos. Se você gosta de tomar café, por que não transformar esse momento em uma pausa mindfulness? Aprecie o aroma, sinta a textura da xícara nas suas mãos, e respire profundamente antes de dar o primeiro gole. Esses minúsculos momentos podem ser enriquecedores, proporcionando privacidade e calma em um dia corrido.

Outro aspecto interessante da ritualização é o chamado "ritual de encerramento". Ao término de sua jornada de trabalho, reserve um tempo para refletir sobre o que foi realizado. Faça uma breve lista de suas conquistas e desafios, e dedique alguns minutos para planejar o próximo dia. Essa prática não só ajuda a fechar o dia com chave de ouro, mas também prepara sua mente para um descanso mais reparador durante a noite.

Não podemos esquecer da dimensão emocional que os rituais oferecem. Criar celebrações para pequenas vitórias é um elemento importante para manter-se motivado. Comemorar quando você completa um novo hábito ou ao finalizar um projeto pode trazer um senso de realização e reforçar a continuidade de hábitos positivos. Que tal reservar um dia da semana onde você se permite fazer algo especial para si mesmo, algo que traga alegria e renove suas energias?

Por último, mas não menos importante, a ritualização da rotina deve sempre vir acompanhada de uma dose de flexibilidade. A vida é um mar de mudanças, e é natural que, em alguns dias, seus planos não se desenrolem como você gostaria. Nesses momentos, tenha a compaixão de ser maleável em suas abordagens, permitindo-se ajustar os rituais às circunstâncias do dia.

Ao somar essas práticas e reflexões ao seu cotidiano, você perceberá, gradualmente, uma transformação. Não se trata apenas de cumprir obrigações, mas de criar um estilo de vida que te alinhe não só com o sucesso, mas com o bem-estar e a felicidade. A vida verdadeira se manifesta em pequenos detalhes — e ter a capacidade de promover esses momentos diários é um grande passo na realização dos seus objetivos maiores.

Assim, vamos juntos continuar essa jornada. Podemos nos aprofundar na construção de uma rotina que não apenas nos define, mas que também representa o que temos de melhor a oferecer ao mundo. A ritualização é um caminho emocionante e rico, que, quando trilhado com intenção, nos leva a conquistas profundas e significativas.

A jornada em direção à ritualização da rotina é uma aventura que nos permite redescobrir o valor das pequenas coisas. Cada dia traz consigo a oportunidade de moldar nossas vidas através das atividades que escolhemos priorizar. Vamos explorar como essas práticas se entrelaçam com nossa autenticidade e como podem nos auxiliar a criar não apenas uma rotina, mas uma verdadeira obra de arte da nossa vida.

Rituais são mais do que haver feito algo previamente. Eles têm o poder de criar momentos de conexão profunda conosco mesmos e com o mundo ao nosso redor. Ao dedicarmos tempo de qualidade para esses atos, estamos incutindo significado nas nossas ações. Pense em alguém tão admirável como o chef italiano Massimo Bottura, que transforma ingredientes simples em pratos extraordinários. O seu segredo? Atenção, paixão e rituais cuidadosamente desenvolvidos. Assim, somos convidados a olhar para nosso cotidiano com um novo olhar, onde até mesmo os gestos mais simples podem se tornar significativos.

No entanto, a ritualização não deve ser encarada como uma imposição ou uma obrigação. Pelo contrário, ela deve fluir de quem realmente somos. Imagine a transformação que ocorre quando, ao invés de forçar-se a fazer algo, você o faz porque, de fato, ama essa atividade. O caminho é repleto de integridade e autenticidade: se algo não ressoa com você, não hesite em deixá-lo de lado. A verdadeira magia reside em cultivar rituais que alimentem sua alma e contribuam para seu bem-estar.

Por isso, ao selecionar suas atividades, escolha aquelas que te fazem sorrir. Quer seja um momento de leitura, a prática de um esporte ou até mesmo uma caminhada solitária ao pôr do sol, cada pequeno ritual se torna uma ponte que conecta você ao que há de mais significativo em sua vida. Sinta-se à vontade para adaptar e modificar. Às vezes, a repetição é necessária, mas outras vezes, a espontaneidade pode produzir resultados ainda mais gratificantes. A liberdade de mudar seus rituais de acordo com seu estado de espírito é um presente que você oferece a si mesmo.

Transformar rituais em experiências pode ser revigorante! Por exemplo, ao invés de fazer o café da manhã rapidamente, convide-se a preparar uma refeição nutritiva com atenção plena. Sinta os aromas, observe as cores vibrantes dos alimentos frescos e envolva-se no processo. Ao transformar tarefas em rituais, você descobre o prazer das pequenas coisas e reconhece a beleza que está sempre ao seu redor.

A ritualização da rotina também é uma poderosa fonte de resiliência. Vivemos tempos desafiadores, e a criação de rituais proporciona uma âncora em meio ao caos. Em momentos de estresse ou incerteza, ao retornar a um ritual familiar, você se reconecta a um espaço de conforto e segurança. É encontrar paz em um mundo imprevisível.

Através dessas práticas, você também desenvolverá um maior senso de autocuidado e atenção plena. As pequenas vitórias tão frequentemente esquecidas merecem ser comemoradas. Reserve um momento a cada semana para rever suas conquistas, mesmo as mais modestas, e permita-se sentir aquele impulso de alegria. Essa autoconsciência não faz apenas bem, mas reforça o aprendizado que advém da jornada.

Então, siga em frente! Adote a

ritualização como seu estilo de vida, e permita-se abraçar a magia de cada momento. Crie espaços de harmonia dentro da sua rotina e observe as mudanças que acontecem ao seu redor. Ao encontrar ritmo e propósito nas suas ações diárias, você estará plantando as sementes de um futuro cheio de realização e sucessos.

O que me propus a compartilhar aqui é um convite: olhe para sua realidade com a curiosidade de um explorador. Escolha as rotinas, transforme-as em rituais e veja como sua trajetória se expande. Juntos, vamos traçar um caminho que não somente respeite quem somos, mas que também expresse todas as potencialidades que podemos alcançar.

Capítulo 5: Saúde Física e Mental

A busca pelo equilíbrio entre corpo e mente é mais do que uma aspiração; é uma necessidade intrínseca que molda a qualidade de nossas vidas. Para muitos, a saúde física e mental aparecem como pilares inegociáveis, sustentando a estrutura de uma vida plena e produtiva. Pesquisa após pesquisa tem demonstrado que um corpo saudável não apenas incentiva a vitalidade, mas também afeta positivamente nossa saúde mental. Portanto, é essencial que olhemos para essas dimensões não como compartimentos isolados, mas como partes interligadas de um todo.

Estar em equilíbrio significa encontrar um estado harmonioso onde a saúde física respalda a saúde mental e vice-versa. Pense em uma balança; quando um lado pesa mais, tudo se desestabiliza. Essa metáfora visual é crucial, pois nos ajuda a compreender que pequenas escolhas, quando feitas de maneira consciente, podem resultar em grandes transformações. Praticar exercícios físicos, utanquote de boas refeições e momentos de lazer não são apenas 'deveres' a cumprir em um dia movimentado; são oportunidades de cuidar de nós mesmos e, consequentemente, do nosso bem-estar mental.

Certa vez, li sobre um estudo que destacou como atividades físicas regulares podem melhorar não apenas o humor, mas também as capacidades cognitivas. Essa constatação é vital para entendermos que o movimento é um poderoso aliado em direta conexão com nossa saúde mental. A liberação de endorfinas durante os exercícios faz com que nos sintamos mais felizes e motivados, criando uma espiral de positividade que eleva nossa energia e foco.

Um estilo de vida equilibrado traz à tona muitos benefícios. A prática regular de atividades físicas, aliada a uma alimentação consciente, nos permite estar mais alertas e alinhados com nossas emoções. Como um passaporte para a saúde mental, mudanças alimentares simples, como a adição de mais frutas e vegetais ao nosso cardápio, promovem o bem-estar. Ao nutrirmos nosso corpo com alimentos de verdade, estamos não apenas cuidando de nossa forma física, mas alimentando também nossa mente.

Essas realizáveis transformações não precisam de grandes sacrifícios para começar. A nossa jornada rumo ao autocuidado pode ser simples e gradual. Portanto, que tal reservar alguns minutos do dia para um ritual de bem-estar? Pode ser uma meditação de cinco minutos ou um alongamento na sua cadeira enquanto trabalha; cada pequena ação conta.

A importância da pausa também não deve ser subestimada. Momentos dedicados ao lazer e à descontração são cruciais para a manutenção da saúde mental. Seja através de hobbies que você ama ou da conexão com amigos e familiares, esses espaços de descontração nutrem a alma, fornecendo resiliência em tempos difíceis. Exercitar a criatividade, seja numa nova receita, numa pintura ou mesmo ao escrever um diário, serve como uma verdadeira terapia, ajudando a manter a mente afiada e ativa.

Por falar em conexões, é fundamental destacar que o entorno social tem um impacto significativo sobre nosso estado emocional. Procurar rodear-se de pessoas que inspiram e motivam, ao invés de aquelas que drenam suas energias, é vital. As relações interpessoais têm um poder imenso sobre nossas vidas e, por isso, investir nelas deve ser uma prioridade.

Assim, ao final deste bloco, convido você a refletir sobre como está cuidando de sua saúde física e mental. Pergunte-se: o que mais posso fazer por mim mesmo? Está na hora de cultivar hábitos que não apenas promovam vitalidade, mas que transformem suas práticas diárias em celebrações de autocuidado e amor próprio. A saúde é um dos maiores patrimônios que podemos ter, e cuidar dela deve ser uma jornada apetitosa e enriquecedora — cheia de experiências, aprendizados e, claro, muito amor.

O compromisso em buscar saúde e equilíbrio físico e mental não é apenas uma escolha bem intencionada; é uma senda diária que pode nos levar a uma vida repleta de realizações e bem-estar. Vamos juntos cuidar dos nossos corpos e das nossas mentes, pois é nesse sutil dinamismo que encontramos o segredo para viver de maneira completa e vibrante.

A inserção de práticas de autocuidado em nossas vidas é um passo vital para garantir que tanto a saúde física quanto a mental sejam nutridas adequadamente. Começar essa mudança pode ser uma jornada transformadora.

Imagine ao acordar, ao invés de mergulhar diretamente nas obrigações do dia, você dedica alguns instantes para o autocuidado. O simples ato de respirar profundamente e estabelecer suas intenções para o dia pode criar um impacto duradouro. Reserve um momento silencioso para se reconectar com você mesmo; reconheça suas emoções e defina como deseja se sentir ao longo do dia. Essa prática não apenas estabelece um tom positivo, mas também ajuda a ancorar sua mente em sentimentos de paz e clareza.

Ademais, a alimentação consciente é uma peça central dessa transformação. Em vez de se deixar levar por conveniências alimentares, escolha nutrir seu corpo com alimentos que energizem e revitalizem. A prática de preparar refeições saudáveis pode ser um ritual por si só, onde você coloca sua atenção na qualidade e na disposição dos ingredientes, sentindo o prazer de cuidar de si mesmo. Ao envolver-se nesse processo, você não estará apenas alimentando seu corpo, mas também sua mente e espírito.

Experimente iniciar suas refeições com um momento de gratidão. Antes de dar a primeira garfada, reserve um tempo para apreciar o que você tem à sua disposição — essa é uma oportunidade para criar um diálogo interno positivo e reforçar sua conexão emocional com o que consome. Isso, por sua vez, pode aumentar a consciência sobre suas escolhas alimentares e seus impactos em sua saúde mental e física.

Por outro lado, integrar momentos de lazer e atividade física em sua rotina também é crucial. Se o exercício parece intimidante, comece pequeno. Uma caminhada ao ar livre pode ser revigorante; concentre-se no movimento do seu corpo e nos sons da natureza ao seu redor. A conexão com o ambiente físico proporciona um espaço renovador, onde preocupações e estresses podem ser deixados para trás. Gradativamente, conforme a confiança se amplia, você pode diversificar suas atividades físicas, explorando novos esportes ou aulas de dança que estimulam tanto o corpo como a mente.

Inclusive, considere o potencial das práticas de mindfulness durante esses momentos. A mindfulness, que envolve estar plenamente presente no agora, é uma habilidade valiosa que pode ser cultivada a cada passo. Ao prestar atenção plena em suas atividades diárias, como o simples ato de escovar os dentes ou de tomar banho, você estará enriquecendo suas experiências com autoconhecimento e aceitação.

A utilização de ferramentas de autocuidado deve ser algo flexível e adaptável, pois as necessidades de cada um podem mudar. Escute seu corpo; ele é um guia excelente. Se sentir-se exausto, não hesite em alterar sua rotina em prol de uma pausa mais longa. Buscar apoio emocional, seja através de amigos, grupos de apoio ou terapia, também é uma maneira de fortalecer sua saúde mental, criando uma rede de suporte que é essencial.

Como parte do seu planejamento de autocuidado, dedique um tempo para avaliar o que realmente te faz feliz. Encoraje-se a experimentar novas atividades, mesmo que inicialmente pareçam fora da sua zona de conforto. Cada nova descoberta é uma oportunidade de autoconhecimento e já é uma vitória em si mesma.

Ao final deste bloco, convido você a fazer uma lista das práticas que mais lhe agradam e que poderiam ser integradas ao seu dia a dia. Ao transformar o que antes era um conjunto de obrigações em atividades que proporcionam prazer, você estará não apenas cuidando de si mesmo, mas criando um estilo de vida repleto de significado e satisfação. Vamos juntos construir um cotidiano que não apenas promove saúde, mas também reconhece o valor essencial do autocuidado em nossas vidas.

Dessa maneira, o caminho para um eu mais saudável e feliz é construído diariamente, através de escolhas conscientes e de um compromisso contínuo com o nosso bem-estar. E lembre-se: cada pequeno passo que você dá em direção ao autocuidado é uma grande conquista em sua jornada de autoestima e felicidade.

As atividades físicas têm um papel fundamental nas nossas vidas, elas transcendem a mera funcionalidade de movimentar o corpo. Ao engajarmo-nos em exercícios, não apenas fortalecemos nossos músculos e melhoramos nosso condicionamento físico; também incentivamos um estado mental mais saudável e equilibrado. A prática regular de atividade física aumenta os níveis de endorfinas, os hormônios da felicidade, proporcionando uma sensação de euforia que pode transformar dias cinzentos em momentos vibrantes.

Porém, muitas vezes, o primeiro passo é o mais desafiador. Para aqueles que se sentem intimidantes com a ideia de malhar, a chave é começar devagar e permitir que o prazer se integre à rotina. Que tal dar um passeio no parque próximo de casa? Ou experimentar uma aula de dança? Atividades que você realmente gosta são mais propensas a se tornarem parte de sua rotina. Ao experimentar diferentes modalidades, o leitor pode descobrir uma nova paixão que não apenas mantém o corpo ativo, mas também traz alegria ao dia a dia.

Ser parte de grupos de atividades físicas, como clubes de corrida ou grupos de ioga, também pode ser um excelente incentivo. A socialização durante a prática promove não apenas motivação, mas o espírito de comunidade que mantém todos engajados. As conversas durante um treino ou todo o apoio mútuo durante desafios servem como combustível para manter a continuidade do exercício. Dessa forma, o simples ato de se exercitar não se torna apenas uma tarefa; passa a ser uma experiência compartilhada, enriquecendo relações e fortalecendo laços.

Ademais, o exercício regular não precisa ser visto como mais um item na lista de tarefas do dia. Pode se transformar em um momento de desconexão, permitindo que a mente se libere do estresse cotidiano. Como um ritual, esse tempo pode ser sagrado e reservado apenas para você. Exercícios como yoga ou pilates trazem uma conexão ainda mais profunda com o corpo e a mente, promovendo um estado de presença que nos conecta com o agora.

Convidar a natureza para esses momentos faz a experiência ainda mais enriquecedora. Inspiramo-nos ao nos cercarmos de verde e frescor durante uma caminhada ao ar livre ou até mesmo ao praticar meditação em ambientes naturais. Quantas vezes deixamos a beleza do mundo passar despercebida enquanto estamos imersos na correria do cotidiano? Ao criar um espaço onde exercitamos o corpo e apreciamos a natureza, tiramos proveito de uma abordagem holística à saúde física e mental.

Um aspecto muitas vezes negligenciado é a importância do descanso e da recuperação. O corpo precisa de tempo para se reenergizar e curar. Ao respeitarmos nossos limites, permitimos que o progresso aconteça de forma saudável e sustentável. Portanto, encaixar momentos de relaxamento e regeneração na rotina, como banhos quentes, leituras tranquilas ou mesmo a prática da meditação, não só melhora a recuperação física, mas também proporciona um refúgio mental necessário para enfrentar as demandas diárias.

No fim das contas, a jornada para um corpo e mente saudáveis é um trabalho contínuo e em constante evolução. Para o leitor, a proposta é cultivar uma mentalidade de que cada movimento conta – mesmo que esse movimento seja tão simples como se levantar da cadeira para esticar as pernas durante o dia. Cada pequeno gesto e escolha diária contribuem para o bem-estar total. Assim, ao refletir sobre a importância das atividades físicas, convida-se a uma relação mais profunda e gratificante com o próprio corpo, desencadeando uma onda de hábitos que pavimentam o caminho para a saúde e a felicidade.

Portanto, é hora de agir, é hora de experimentar, e acima de tudo, é hora de perceber que o movimento é vida — e ainda mais: vida com clareza, intensidade e propósito.

A importância de momentos de lazer na nossa vida não pode ser subestimada. Ao longo do nosso cotidiano, muitas vezes nos vemos imersos em compromissos e obrigações, esquecendo-nos de que o prazer e a descontração são essenciais para a manutenção de uma saúde mental equilibrada. O lazer não apenas nos proporciona um tempo de descanso, mas também se torna um catalisador para a criatividade e a inovação. Quando nos permitimos desfrutar de nosso tempo livre, é como se abríssemos uma válvula de escape, permitindo que a pressão do cotidiano diminua e o espírito se renove.

Considere, por exemplo, a prática de um hobby. Pode ser pintar, tocar um instrumento, cozinhar ou até mesmo jardinagem. Essas atividades não são apenas distrações, mas sim formas de autoexpressão que nos conectam com nossa essência. Elas oferecem um espaço seguro para a exploração, incentivando a autenticidade e a satisfação pessoal. Pesquisas mostram que engajar-se em atividades prazerosas pode reduzir os níveis de cortisol, o hormônio do estresse, gerando bem-estar e um sentimento de realização.

E o impacto das conexões sociais

dentro desse contexto é igualmente grandioso. Passar tempo com pessoas que nos fazem rir, com quem podemos compartilhar experiências e trocar ideias, eleva não apenas nosso humor, mas também fortalece nosso sistema imunológico. Já notou como um simples encontro com amigos pode transformar seu dia? As risadas, as conversas e os momentos compartilhados funcionam como remédios para a alma.

Por isso, uma proposta prática que podemos incorporar em nossa rotina é o agendamento de "momentos de lazer" — tempo específico destinado a atividades que nos trazem alegria. Pode ser um piquenique no parque, uma sessão de cinema em casa ou explorar novos lugares. O essencial é a criação de um espaço que nos permita desconectar do cotidiano e conectar com o prazer da vida.

Vamos lá, experimentemos colocar essa ideia em prática! Que tal ajustar a sua agenda, marcando um compromisso consigo mesmo para esta semana? Esse pequeno ato, de reservar tempo para o que te faz feliz, tem o potencial de infundir sua vida com renovada energia e motivação. O prazer é uma peça chave no quebra-cabeça do bem-estar; não negligencie a sua necessidade.

Além disso, dentro desse universo de lazer, é inegável o papel que a atenção plena, ou mindfulness, desempenha. Ao estarmos completamente presentes durante as atividades que realizamos — seja ao saborear um alimento, contemplar uma paisagem ou conversar com alguém — ampliamos nossa percepção e conexão com o que está acontecendo ao nosso redor. Isso nos ensina a apreciar os detalhes e viver intensamente o agora, criando uma vida repleta de significado. Práticas simples, como dedicar alguns minutos diários à respiração consciente, podem fazer maravilhas por nosso estado mental, tornando-nos mais alertas e reduzindo a ansiedade.

Assim, ao final deste bloco, pergunto: como você pode incorporar mais momentos de lazer e conexão em sua vida? Seja por meio de hobbies, encontro com amigos ou a prática da presença plena, este é o caminho que nos levará a um estado de equilíbrio e alegria. A vida foi feita para ser celebrada, e cada um de nós merece um tempo para se distrair e recarregar as energias. Portanto, tome as rédeas do seu lazer e faça dele um aliado na construção de uma vida saudável, equilibrada e feliz.

Convido você não só a pensar sobre isso, mas a agir. Programe-se, valorize esses momentos e sinta a diferença que pequenas mudanças podem fazer em sua saúde física e mental. Porque, no final das contas, o que importa é vivermos com alegria, leveza e na companhia das pessoas que amamos. É assim, com pequenos gestos, que a saúde mental e física se reequilibram na dança da vida.

Capítulo 6: A Gestão do Tempo

A gestão do tempo se configura como uma arte perene, que exige não somente disciplina, mas uma consciência profunda sobre como fazemos uso desse recurso finito. Ao longo da vida, todos nós já nos vimos em situações onde o tempo parece escorregar entre os dedos, levando consigo oportunidades preciosas. Portanto, a compreensão da importância de gerenciar esse recurso é fundamental para qualquer pessoa que almeja crescer, tanto pessoal quanto profissionalmente.

A primeira referência que fazer é a percepção de que o tempo é um ativo inestimável. Cada segundo que passa é uma peça desse quebra-cabeça da vida, e tratá-lo com o respeito que merece é o primeiro passo rumo a uma vida mais equilibrada e produtiva. Ao refletir sobre isso, torna-se evidente que uma má gestão do tempo não traz apenas estresse, mas resulta em um ciclo vicioso de insatisfação e ansiedade, comprometendo a nossa saúde mental e emocional.

Estabelecer prioridades é, portanto,

essencial. Imagine a sua vida como uma lista imensa de tarefas e compromissos. O que realmente importa? O que, ao ser alcançado, traz mais satisfação e resultado? Neste ponto, convido você a utilizar uma matriz que classifica suas atividades em quatro quadrantes, segundo a urgência e a importância. Dessa forma, você pode focar no que realmente deve ser feito, diluindo as distrações que muitas vezes nos rodeiam.

Neste contexto, falaremos sobre as consequências que a falta de gestão do tempo pode acarrear. O estresse acumulado não é apenas um desconforto passageiro; ele se transforma numa avalanche que, quando não contida, pode levar a problemas de saúde significativos. O preço a ser pago pela desorganização é alto; é a própria qualidade de vida que está em jogo. Portanto, a gestão do tempo se mostra não apenas como uma habilidade útil, mas uma necessidade de sobrevivência nesse mundo acelerado.

Mas como podemos tornar essa habilidade uma parte cotidiana da nossa vida? Isso nos leva ao próximo segmento: as técnicas e ferramentas disponíveis que podem facilitar essa jornada. Opções como a Técnica Pomodoro, em que se trabalha intensamente por um período definido, seguidos por breves intervalos, têm se mostrado eficazes. Além disso, apps de produtividade que ajudam a mapear o fluxo de tarefas podem se transformar em aliados poderosos.

Outro aspecto crucial da gestão do tempo é a criação de rotinas. Uma boa rotina matinal pode se refletir em um dia produtivo e satisfatório. Reserve momentos de cada manhã para planejar suas tarefas, meditar ou até fazer um exercício leve. Estas práticas não apenas energizam o corpo, como também prepararam a mente para a jornada que se segue.

Agora, à medida que praticamos e começamos a observar as melhorias em nossas vidas, viemos a sentir o peso da procrastinação, um dos maiores inimigos da produtividade. Entender as razões por trás desse comportamento e estabelecer objetivos tangíveis pode nos afastar desse pesadelo que muitas vezes nos impede de avançar. Vamos falar mais sobre superação de distrações e como manter nosso foco em tempos difíceis.

E, em meio a todo esse aprendizado, não podemos esquecer da importância do descanso. Afinal, um corpo cansado não é capaz de realizá-la tão quanto merecemos. Um descanso apropriado e de qualidade pode ser o diferencial que irá reabastecer nossas energias e deixar-nos prontos para as próximas batalhas.

Este capítulo, portanto, serve como um convite à reflexão e um guia prático; a gestão do tempo não é apenas uma habilidade, mas uma verdadeira arte que, quando dominada, abre as portas para um mundo de possibilidades. Com isso, estamos prontos para construir um futuro repleto de realizações e equilíbrio.

Portanto, ao final deste segmento, instigo você a avaliar como está utilizando o seu tempo atualmente e a que passos pode dar para que a sua gestão temporal se torne mais eficaz. Cada pequeno avanço feito na administração do tempo é uma vitória que deve ser celebrada, pois cada segundo bem vivido é um passo a mais na trilha rumo ao sucesso e à realização pessoal.

Técnicas e Ferramentas de Gestão do Tempo

A gestão do tempo é uma virtude que, quando dominada, se torna um dos principais alicerces para a realização e satisfação pessoal. Em primeiro lugar, abordaremos métodos eficazes que você pode facilmente integrar à sua rotina diária. Um exemplo clássico é a Matriz de Eisenhower, que divide as tarefas em quatro quadrantes: urgente e importante, importante, urgente, e nem urgente nem importante. Esta abordagem não apenas traz clareza, mas também permite que você se concentre no que verdadeiramente importa, evitando a armadilha de atividades que drenam tempo e energia sem trazer resultados significativos.

Em seguida, a técnica Pomodoro, que consiste em trabalhar por 25 minutos e fazer pausas curtas de 5 minutos, é uma ferramenta poderosa para melhorar a concentração e a produtividade. Após quatro ciclos, você pode fazer uma pausa mais longa, de 15 a 30 minutos. Essa metodologia transforma a maneira como enfrentamos tarefas, quebrando o trabalho em partes gerenciáveis e proporcionando um senso de realização constante à medida que você completa essas frações de tempo.

Outra estratégia que se mostra extremamente útil é a técnica dos blocos de tempo, onde você agenda períodos específicos no seu dia para dedicas a tarefas e projetos distintos. A ideia é que, ao eliminar a multitarefa, você aumenta seu foco e eficiência ao executar cada tarefa com a atenção que ela merece. Comerciantes digitais, por exemplo, podem utilizar blocos de tempo para separar o gerenciamento de atividades administrativas e a execução de estratégias de marketing — garantindo que cada parte do trabalho receba a devida atenção, sem dispersões.

Por fim, é crucial explorar a variedade de ferramentas digitais que podem auxiliar nesse processo. Aplicativos como Trello, Asana e Todoist oferecem soluções intuitivas que permitem aos usuários organizar tarefas, colaborar com equipos e visualizar o progresso de projetos de uma forma mais eficiente. Ao usar essas ferramentas, você pode definir prazos, priorizar atividades e garantir um fluxo de trabalho mais coeso e organizado.

O próximo passo envolve a criação de rotinas que sejam não apenas benéficas, mas também sustentáveis. Como começar o dia com um planejamento claro, onde você define suas intenções e prioridades é vital. Isso pode incluir um tempo para a prática da gratidão ou até uma breve meditação matinal que prepara a mente para os desafios que virão. Quando entramos em nossas atividades diárias com uma mente focada e centrada, a sensação de conquista se torna palpável, e isso, por sua vez, nos impulsiona a continuar avançando.

Ademais, ao longo do dia, lembre-se sempre de revisar essas estratégias e ajustá-las conforme necessário. A flexibilidade é chave; você não é um robô, mas um ser humano que precisa de espaço para a adaptação. Se algo não estiver funcionando, não hesite em experimentar novas abordagens até descobrir o que melhor faz sentido para você. A gestão do tempo não deve se tornar uma fonte de estresse, mas uma ferramenta que liberta e empodera.

Esta seção do capítulo é um convite para que você não apenas absorva informações, mas que ativamente teste e adapte essas técnicas. Sua jornada de gestão do tempo começa agora. Que tal fazer uma lista das três principais técnicas que você deseja implementar esta semana? Pequeninos passos resultam em grandes transformações quando dedicamo-nos a um progresso sustentável e consciente.

Assim, à medida que você explora as técnicas e ferramentas de gestão do tempo, esteja preparado para se surpreender com as melhorias que essas mudanças podem proporcionar em sua qualidade de vida e eficiência. A gestão do tempo é uma arte que, quando dominada, se traduz em um caminho mais claro e aberto para a realização de seus objetivos pessoais e profissionais.

O enfrentamento da procrastinação e das distrações é um desafio que todos nós reconhecemos em nossa busca por produtividade e realização. Muitos de nós já experimentamos aquela sensação angustiante de que o dia voa e, ao final, olhamos para a lista de tarefas com frustração, sem que nada realmente tenha sido concluído. É hora de entendermos o que exatamente nos impede de seguir em frente e, aqui, irei guiá-lo nessa reflexão.

Primeiro, vamos desvendar a natureza da procrastinação. Muitas vezes, procrastinamos não por preguiça, mas devido ao medo ou à ansiedade de falhar. A ideia de começar um trabalho complexo pode parecer assustadora. O imenso peso de uma tarefa mal definida pode nos deixar paralisados. Pense na última vez que você procrastinou: tinha muito o que pensar e decifrar e, sem perceber, o tempo passou. Uma técnica eficaz para se libertar dessa paralisia é a prática do "dividir para conquistar". Pegue aquela grande tarefa e decompõe em pequenos passos. Cada pequeno passo completado traz uma sensação de achievement, reacendendo a motivação e permitindo que você siga em frente.

Mas identificar a procrastinação é apenas o primeiro passo. Precisamos estabelecer um ambiente propício para a concentração. Muitas vezes, distrações ocorrem quando o nosso espaço de trabalho está desorganizado ou cheio de interrupções. Tente estabelecer uma área específica para trabalhar, onde o que reina deve ser o foco. Desconecte-se das redes sociais durante os períodos que você decidiu dedicar ao trabalho; isso é um aspecto crucial. O smartphone, esse verdadeiro ladrão de tempo, precisa ser dominado. Você pode decidir, por exemplo, silenciar notificações durante suas horas de produtividade. Lembre-se: a sua concentração é um bem precioso.

Outra estratégia poderosa é a gestão do seu próprio tempo. Um dos erros comuns que muitos cometem é não definirem prazos claros para suas atividades. Isso abre espaço para uma distorção mental que geralmente resulta em prorrogação sem fim. Utilize o método Pomodoro que já mencionamos anteriormente: estabeleça 25 minutos de trabalho intenso seguidos de 5 minutos de pausa. Essa alternância ajuda a manter a mente alerta e renovada, além de propiciar um espaço para dar folego. Após quatro "pomodoros", você pode se permitir uma pausa maior.

E por último, mas não menos importante, é essencial que você se lembre-se de que um corpo cansado não pode produzir em sua plenitude. O descanso não é um sinal de fraqueza; é, de fato, um pilar essencial para a produtividade. Muitas vezes, somos tão envolvidos com nossas tarefas que negligenciamos a importância do descanso, e isso mais tarde se manifesta em um colapso mental e criativo. Integre nas suas rotinas períodos de relaxamento. Pode ser uma simples caminhada ao ar livre, uma meditação ou até mesmo um tempo para ler algo leve. Essas pausas vão reabastecer não apenas sua energia, mas também sua criatividade.

No final, enfrentar a procrastinação e as distrações é sobre escolha e autocompaixão. Aplique essas práticas com gentileza e paciência. À medida que você começa a implementar essas mudanças, ficará surpreso com o quão produtivo e satisfeito você pode se sentir. Então, que tal dar o primeiro passo agora, respirando fundo e escrevendo uma lista simples de tarefas que precisa concluir hoje? A jornada para uma vida mais produtiva começa com um único passo.

E lembre-se: a gestão do seu tempo não é um serviço de rotina, mas sim uma habilidade de vida que pode transformar a sua trajetória. Vamos juntos lidar com esses desafios, e com cada pequena conquista, você estará mais perto de viver a vida que sempre desejou.

Avaliar e Ajustar seu Progresso

A gestão do tempo não se esgota em técnicas ou metodologias; ela demanda uma reflexão constante sobre como está sendo utilizada essa ferramenta poderosa. Avaliar seu progresso é fundamental e serve como um termômetro para medir o quanto você avançou em direção aos seus objetivos. Reserve momentos regulares para essa avaliação: pode ser semanal ou mensal, dependendo do que melhor se adapta à sua rotina. O objetivo é se perguntar se as estratégias que você implementou estão trazendo os resultados esperados.

Um ponto importante a ser considerado é a honestidade consigo mesmo. Ao fazer essa reflexão, esteja disposto a reconhecer as áreas onde você pode ter vacilado ou deixado de implementar os planos traçados. Manter um diário de bordo é uma ótima maneira de acompanhar seu desempenho. Nele, você pode registrar seus desafios, conquistas e, principalmente, as lições aprendidas. Essa prática não apenas proporciona clareza, mas também mantém sua motivação elevada, pois você poderá visualizar o quanto já progrediu.

Conforme você avança em sua jornada, celebre as conquistas, não importa o tamanho. Cada passo dado em direção à sua meta precisa ser reconhecido. Essa celebração pode variar de simples momentos de gratidão em seu diário até um jantar especial consigo mesmo ou com amigos. O importante é criar um ritual que reforce a satisfação pelo progresso e mantenha sua energia renovada.

Cultivar uma mentalidade de crescimento é essencial. Essa mentalidade se caracteriza pela disposição em aprender e se adaptar continuamente. Lembre-se de que, ao longo da sua jornada, você pode encontrar obstáculos e desafios, mas cada um deles vem com uma oportunidade de crescimento. A flexibilidade para reavaliar e ajustar seus métodos é a chave para se adaptar a novas circunstâncias e continuar avançando.

Mantenha sempre um espaço para o feedback. Isso pode ser conseguido por meio de conversas com amigas de confiança, mentores ou mesmo pela participação em grupos que compartilhem de suas metas e sonhos. O diálogo aberto sobre o que está funcionando e o que não está cria uma rede de apoio que é vital em sua trajetória. Ao se expor a diferentes perspectivas, você amplia sua visão e, muitas vezes, encontra soluções que não havia considerado.

Por fim, ao encerrar este bloco, convido você a criar seu próprio plano de avaliação. Encorajo a elaboração de um cronograma simples que inclua crítica reflexiva sobre suas atividades, celebração de conquistas e a busca por feedback. Lembre-se: a gestão do tempo é uma jornada contínua. Com cada reflexão e ajuste, você se aproxima cada vez mais da vida que almeja, construída sobre as bases sólidas do planejamento e organização. Vamos juntos, nessa busca constante pelo sucesso e pela construção de um futuro brilhante!

A gestão do tempo é uma arte, nossa empreitada ao longo da vida. Cultivar essa capacidade nos capacita a transformar sonhos em realidades, permitindo-nos não apenas viver plenamente os dias, mas também dar significado a cada momento. Vamos seguir em frente, sempre avaliando, ajustando e celebrando!

Capítulo 7: Networking e Relacionamentos

Caminhar em direção ao sucesso pessoal e profissional é como navegar por um vasto oceano cujas correntes são formadas pelas conexões que estabelecemos ao longo da vida. Ao iniciarmos esta nova fase, é fundamental entendermos que o networking não é apenas uma técnica, mas uma habilidade vital que se traduz em oportunidades, crescimento e, acima de tudo, no poder de impactar e ser impactado.

O primeiro passo para construir uma rede eficaz é reconhecer a importância de cada conexão que fazemos. Cada pessoa com quem trocamos palavras, sorrisos e ideias carrega consigo um mundo de possibilidades. Pense no seu círculo atual. Quantas vezes você se surpreendeu ao receber uma mensagem de alguém que não esperava, mas que resulta em uma excelente oportunidade? Histórias como estas são comuns, pois nunca sabemos onde uma simples interação pode nos levar.

Ao prepare-se para eventos de

networking, esteja devidamente ataviado e com a mente aberta. Uma das chaves para se destacar é o seu genuíno interesse pelos outros. Lembre-se: não é sobre você vender sua imagem ou seu produto, é sobre construir relações de valor. Quando chegar ao evento, pergunte-se: "Como posso contribuir para a conversa? O que posso aprender com essas novas pessoas?" As respostas virão à medida que você se abre para as possibilidades.

Imagine a cena: você se aproxima de um grupo que discute um projeto inovador. Ao ouvir atentamente e compartilhar suas visões sobre o assunto, você se torna parte integrante daquela conversa. Um simples "eu também pensei sobre isso" pode transformar o olhar dos outros sobre você. É nesse espaço que surgem conexões verdadeiras que podem florescer em colaborações frutíferas.

Mas construir a rede é só o começo. A alimentação dessas relações é uma tarefa constante que exige atenção e cuidado. Uma prática eficaz é o follow-up; depois de um encontro ou conversa significativa, envie uma mensagem para agradecer e reafirmar intrigantes pontos discutidos. Uma mensagem simples, mas carregada de consideração, pode fazer toda a diferença em como você é lembrado.

Nutrir relacionamentos também pode envolver gestos inesperados, como compartilhar um artigo que pode interessar a alguém ou convidar para um evento que você acredita ser relevante. Tomar a iniciativa prova que você valoriza a conexão e está disposto a investir no que foi construído. A construção de uma rede robusta não acontece do dia para a noite, mas com a prática contínua, ela se solidifica e se expande.

Há, porém, adversidades que podem surgir ao longo do caminho. Muitas pessoas sentem-se intimidadas ou até mesmo têm medo de derrapadas em suas interações. O que se deve lembrar é que todos nós temos inseguranças. Rejeições podem acontecer, mas elas não definem nosso valor. Em vez de olhar para o problema, foque na lição que a situação pode lhe oferecer. Cada interação, positiva ou negativa, é uma oportunidade de aprendizado.

Uma estratégia poderosa é

concentrar-se em pessoas que já escaparam dessa paralisia social e conseguiram prosperar. Ouça suas histórias e utilize-as como combustível para sua determinação. E, quando enfrentar um desafio, pergunte-se: "O que faria alguém que admiro nesta situação?" Essa mentalidade de aprendizado contínuo não passa apenas pela resiliência, mas também pela coragem de continuar construindo sua rede.

Assim, neste caminho do networking, lembre-se: as conexões não são apenas sobre trocar cartões de visita ou LinkedIn. Elas são sobre construir um futuro. São histórias tecidas a partir de experiências compartilhadas, desafios superados e sonhos cultivados. Ao final do dia, o verdadeiro networking gira em torno de relações genuínas, construídas com respeito e autenticidade.

Convido você a refletir sobre sua rede atual. Quais ações você pode tomar ainda esta semana para fortalecê-la? Como pode semear novas conversas e oportunidades? Este capítulo é o primeiro passo no aprofundamento de suas conexões. A jornada já começou, e cada passo dado é um compromisso de ser não apenas alguém que deseja crescer, mas que também deseja ajudar outros a florescer.

Portanto, vista-se com a coragem de novos encontros e prepare-se para aquelas interações que também podem mudar o seu destino. Essa é a grande magia dos relacionamentos: cada pessoa nova pode ser um potencial aliado nesta grande jornada da vida. Vamos juntos transformar o mundo ao nosso redor, um laço de cada vez!

A construção de uma rede de contatos eficaz não se limita apenas ao ato de conhecer novas pessoas, mas se estende ao cultivo de relações autênticas e significativas. No ambiente de negócios, como na vida pessoal, muitas vezes, o sucesso está atrelado à forma como interagimos e criamos laços com outros. E, nesse sentido, a habilidade de se conectar com as pessoas se torna uma arte que pode ser aprimorada com prática intencional.

Imagine-se em um evento de networking, cercado por profissionais de diversas áreas. O primeiro passo é, sem dúvida, abraçar o nervosismo inicial e transformá-lo em curiosidade genuína. A qualidade da conversa que você estabelece pode determinar o impacto dessa interação. Em vez de apresentar-se apenas como um vendedor de ideias, procure entender o que motiva os outros, qual é o seu expertise e como você pode ser um recurso para eles. Fazendo perguntas e mostrando interesse genuíno, você abre as portas para trocas valiosas e conexões duradouras.

É preciso lembrar que cada troca tem o potencial de florescer em colaborações frutíferas. Ao se apresentar, tenha clareza e semelhança. Quando pessoas compartilham uma visão comum ou interesses alinhados, as conversas se tornam mais produtivas. Ao se conectar, fique atento às oportunidades. Um simples comentário sobre um livro que você leu, por exemplo, pode desencadear uma discussão fascinante que irá estreitar esse laço.

E o que dizer sobre o follow-up? Assim como as plantas precisam de água para crescer, suas relações profissionais também requerem cuidados constantes. Após o evento, envie uma mensagem ou um e-mail que reforce a conexão criada, talvez mencionando um ponto específico que foi discutido. Essa atenção aos detalhes mostra que você valoriza a pessoa e a conversa que tiveram, além de facilitar futuras interações.

Contudo, o networking não é isento de obstáculos. Ciladas emocionais, como o medo de rejeição, podem minar a nossa confiança. É natural sentir-se inseguro em situações de interação social. Contudo, é vital entender que cada experiência é uma aprendizagem. Esteja disposto a confrontar essas inseguranças e a transformá-las em combustível para o seu crescimento. Ao cultivar uma mentalidade positiva, você poderá ver cada interação como uma chance de aperfeiçoar suas habilidades de comunicação.

O próximo passo em sua trajetória de networking é desenvolver a mentalidade de reciprocidade. As conexões se fortalecem quando ambas as partes estão dispostas a dar e receber. Ao oferecer apoio, conhecimento ou um simples gesto de gratidão, você não apenas enriquece o seu próprio networking, mas também ajuda os outros a crescer. Esse ciclo de generosidade cria um ambiente onde o aprendizado mútuo pode prosperar.

E sempre, ao abordar o networking, é essencial lembrar da autenticidade. Não se transforme em alguém que você não é; seja você mesmo, genuíno e transparente. As relações mais impactantes nascem da sinceridade, e as pessoas rapidamente percebem a diferença entre uma conexão real e uma mera formalidade. Faça das suas experiências um trunfo, abrindo as portas para novas e vibrantes interações.

Assim, ao sair para o mundo do networking, leve consigo essa reflexão: como posso somar à vida de alguém hoje? Ao buscar essa resposta, você não só constrói sua rede de contatos, mas também um legado de interações significativas que podem perdurar por toda a vida. São essas conexões que têm o poder de mudar não apenas seu destino, mas também os destinos de muitos ao seu redor. O mundo da colaboração e do suporte mútuo está esperando por você, pronto para ser explorado.

Nutrição das Relacionamentos

Conforme avançamos na construção de uma rede de contatos, é essencial entender que o trabalho não termina na simples criação de conexões. É preciso cultivar e nutrir esses relacionamentos ao longo do tempo. Relacionamentos valiosos requerem atenção contínua, e aqui estão algumas maneiras cativantes de manter acesas as chamas da conexão.

Após um encontro significativo, algo que muitas vezes é negligenciado, mas que pode fazer toda a diferença, é o follow-up. Ao retornar para casa após um evento, reserve alguns minutos para enviar uma mensagem amistosa, expressando sua gratidão pela conversa. Um simples "foi um prazer conhecê-lo" pode parecer irrelevante, mas na verdade é uma semente que você planta, aguardando florescer em um futuro próximo. Lembre-se sempre da importância de ser específico em suas mensagens. Refira-se a um ponto da conversa que lhe chamou a atenção; isso demonstrará não apenas que você ouvia atentamente, mas também destacará o valor daquela interação em sua vida.

Além disso, o cultivo de relacionamentos pode incluir gestos inesperados que solidificam laços. Compartilhar um artigo que você acredita que pode interessar a alguém ou até mesmo convidar a pessoa para um evento que seja do seu agrado é uma maneira poderosa de mostrar que você se importa com a conexão que estão construindo. Assim, você transforma um relacionamento superficial em algo mais significativo, onde ambos podem crescer juntos.

Outra dica é manter sempre em mente as datas importantes na vida dessas pessoas que você está tentando nutrir relacionamentos. Aniversários, conquistas ou até mesmo desafios significativos são oportunidades douradas para mostrar que você se importa. Um simples telefonema ou mensagem pode ser tudo que a pessoa precisa para sentir que não está sozinha em sua jornada. O objetivo é criar um laço onde a reciprocidade se torna natural — um ciclo contínuo de apoio mútuo.

E, claro, é preciso lembrar que nem todos os relacionamentos florescerão da mesma forma. Às vezes, algumas conexões poderão encontrar limites e é importante estarem alinhadas com seus objetivos. Não hesite em avaliar regularmente sua rede: quais dessas relações têm enriquecido sua vida e quais podem ter se tornado tóxicas ou desnecessárias? Manter laços saudáveis é fundamental para seu crescimento pessoal e profissional. Quando você se desprende de relações sem valor, cria espaço para que novas conexões surjam, aquelas que realmente o empurram na direção dos seus sonhos.

Ao refletir sobre suas interações e como nutrir cada uma delas, sinta-se à vontade para aplicar práticas de gratidão. E aqui, convido você a experimentar a rotina do reconhecimento. Toda semana, reserve um tempo para agradecimentos; escaneie sua lista de contatos e agradeça a essas pessoas, mesmo que seja apenas dando "olá". A gratidão tem o poder de alavancar relacionamentos a um novo nível.

Por último, desenvolva a capacidade de ser vulnerável. Em nossos relacionamentos, a autenticidade é fundamental. Ao se abrir para compartilhar experiências pessoais, você pode surpreender-se com o quanto as pessoas respondem positivamente, criando um ambiente propício para que a reciprocidade floresça. Afinal, todos nós enfrentamos batalhas nem sempre visíveis, e estar aberto para conectar-se através das imperfeições é onde a verdadeira magia dos relacionamentos acontece.

Encrustadas no cotidiano das interações, essas práticas formarão a base para uma rede não apenas rica, mas robusta e significativa. Ao refletir sobre a qualidade dos seus relacionamentos, pergunte-se: "Este laço me leva adiante ou está me segurando para trás?" E não esqueça que, na arte de nutrir relações, cada gesto de atenção conta, construindo um caminho onde o apoio mútuo pode prosperar e florescer.

Portanto, ao final deste segmento, encorajo você a escolher uma pessoa com quem deseja nutrir um relacionamento mais profundo e a planear uma ação concreta. Pode ser um café, uma mensagem ou até um post em social media destacando sua apreciação.

As conexões são como plantas; quanto mais nutridas, mais flores e frutos trarão. Vamos juntos construir essa rede, onde cada elo é não apenas um passo em direção ao seu crescimento pessoal, mas também um impulso para outros a sua volta.

Superar desafios no contexto do networking é uma jornada cheia de nuances e aprendizados. É comum que sentimentos como insegurança ou medo de rejeição façam parte dessa trajetória. No entanto, é fundamental lembrar que cada interação é uma oportunidade de crescimento, e que enfrentar essas barreiras é um passo essencial para a construção de conexões significativas.

Ao reconhecer o medo de se aproximar de novos contatos, é importante transformar esse desencorajamento em motivação. Pense nas conexões que você deseja estabelecer e no que essas relações podem agregar à sua vida. Para muitas pessoas, o medo é superado quando se adota uma postura de curiosidade: o que você pode aprender com aqueles que está prestes a conhecer? Essa mudança de perspectiva poderá não apenas reduzir a ansiedade, mas também transformar o ato de conversar com estranhos em uma atividade intrigante e enriquecedora.

Além disso, enfrentar a rejeição é uma habilidade que se adquire na prática. Quando alguém não responde positivamente a uma abordagem, é fácil interpretá-la como um reflexo de nossa própria inadequação, mas é crucial ter em mente que não se trata de uma verdade absoluta. Muitas vezes, as razões para esse tipo de resposta podem ser externas e nada têm a ver com você mesmo. Cultivar resiliência é difícil, mas altamente recompensador. Cada grupo social tem sua dinâmica, e o ajuste a essas particularidades pode requerer tempo e paciência.

Outras estratégias úteis incluem criar um ambiente propício para a comunicação. Ao participar de eventos de networking, escolha aqueles que realmente ressoam com seus objetivos e interesses. Quando você se sente à vontade no espaço onde está, a conexão tende a fluir de maneira mais natural, permitindo que você se mostre mais autêntico. Além disso, é através do compartilhamento genuíno de experiências e aprendizados que se constrói um forte alicerce para futuras interações.

Finalmente, a prática da empatia pode ser um diferencial significativo. Ao se colocar no lugar do outro, você não apenas compreende suas inseguranças, mas também constrói uma ponte de conexão real e significativa. A construção de relações saudáveis é um caminho de mão dupla, onde a entrega e a empatia são os ingredientes essenciais para a reciprocidade. Mais do que um simples "networking", estamos falando da criação de laços que podem se transformar em verdadeiras parcerias.

Neste capítulo, ao refletirmos sobre os desafios do networking, convido você a identificar uma situação recente em que se sentiu inseguro ou receoso ao estabelecer um contato. Pergunte-se como poderia ter abordado a situação de uma maneira diferente e como você pode superar essas barreiras em futuras interações. Ao final, lembre-se de que cada passo dado nessa jornada é um avanço, e a construção de uma rede sólida será sempre um patrimônio valioso na sua trajetória pessoal e profissional.

Capítulo 8: A Contribuição para a Comunidade

A contribuição individual para a coletividade é uma força poderosa, capaz de transformar não apenas realidades, mas também vidas. Neste momento, encrustados na correria do dia a dia, pode ser fácil se esquecer da importância do nosso papel dentro do tecido social. É fundamental que compreendamos como nossas pequenas ações podem gerar ondas expansivas de mudança e que, assim, cada um de nós carrega a responsabilidade imperativa de engajar-se em prol de um mundo melhor.

Considerando o individualismo que frequentemente permeia nossa sociedade, devemos começar a discussão estabelecendo um forte entendimento sobre a importância do nosso engajamento social. Não se trata apenas de uma escolha; é um chamado que ressoa a partir da conexão que temos com as pessoas ao nosso redor. É absolutamente vital que, ao olharmos em volta, percebamos que as mudanças significativas e os avanços sociais começam muito antes de políticas públicas ou convenções.

Refletir sobre nossa responsabilidade social não é apenas uma questão de moralidade, mas uma construção consciente. O simples ato de ajudar um vizinho, participar de uma campanha de arrecadação ou apoiar um pequeno comerciante local são pequenas sementes que, ao serem plantadas, podem germinar em grandes realizações. Olhe para sua comunidade; quais são os sinais de que alguém precisa de apoio? Frequentemente, o que está faltando é alguém disposto a fazer a diferença, mesmo que sejam pequenas atitudes.

Histórias inspiradoras estão constantemente presentes ao nosso redor e se dilatam nos relatos de pessoas comuns que, ao decidirem fazer algo por sua comunidade, desencadearam mudanças profundas. Veja a história de Ana, uma jovem que começou a ensinar crianças carentes em sua vizinhança a ler e a fazer contas. O que se iniciou como um pequeno grupo de estudo evoluiu para uma escola comunitária, transformando a vida de tantas crianças que antes não tinham acesso a uma educação de qualidade. Esse é um exemplo de como a paixão de um único indivíduo pode iluminar o caminho para muitos.

Ao entendermos nosso lugar na comunidade, devemos também abraçar o envolvimento em atividades de voluntariado. Voluntariar-se não é apenas uma maneira de oferecer tempo e esforços; é também uma oportunidade ímpar de crescimento pessoal. Ao trabalhar lado a lado com aqueles que estão nas trincheiras de desafios sociais, começamos a ver o mundo com outros olhos e a entender com profundidade as necessidades do próximo. Este é um laboratório de aprendizado que qualquer um pode acessar, independentemente da sua experiência anterior. O mais surpreendente é que, ao contribuir com seu tempo, você se enriquece, adquire novas habilidades e amplia sua rede de contatos.

Terminando este primeiro bloco, concluo que a participação ativa não é uma obrigação; é um privilégio. Cada passo dado em direção à contribuição social nos aproxima mais dos laços de humanidade que nos unem. Portanto, eu o convido a olhar ao seu redor, a ouvir as histórias que precisam ser contadas, a sentir as dores que precisam de cura e a se permitir transformar-se em um agente de mudança. A verdadeira questão não é "por que deve contribuir?", mas sim "o que você está preparado para fazer para ajudar?" Vamos juntos explorar essa jornada de doação, solidariedade e transformação.

A contribuição ativa para a comunidade é uma forma de não apenas transformar realidades, mas também de trazer à tona a nossa essência como seres humanos. Nos tempos modernos, muitas vezes, ao nos deixarmos levar pela rotina, esquecemos a força que temos ao nos unirmos pelo bem-estar coletivo. Neste bloco, são apresentadas formas efetivas de você, leitor, contribuir de maneira significativa.

O voluntariado é uma porta aberta para experiências que vão muito além do simples ato de ajudar. Quando você decide dedicar seu tempo a uma causa, não está apenas oferecendo um serviço, mas também se enriquecendo em diversos âmbitos. Ao entrar em contato com realidades diferentes, você é guiado por uma jornada de autodescoberta, onde suas habilidades, paixões e até mesmo suas crenças são ampliadas. Imagine-se em um abrigo de animais ou ajudando em uma reforma de uma escola. Em cada momento, você percebe que, ao passo que auxilia, também aprende e se transforma.

Participar ativamente de movimentos sociais é outra forma poderosa de engajamento. Aqui, o coletivo se torna vital. Por meio desses movimentos, você encontra uma comunidade com valores e objetivos alinhados. Juntos, vocês vão além das fronteiras pessoais, formando uma rede de apoio e criatividade. Lembre-se que cada campanha e cada manifesto têm o potencial de moldar a opinião pública e trazer mudanças significativas. O mundo precisa de vozes que se elevem em pró da justiça e da igualdade.

E, no cotidiano, não podemos negligenciar as ações individuais. Pequenos gestos, como priorizar o comércio local ou oferecer ajuda a um vizinho, podem provocar ondas de mudança em sua comunidade. Buscar se envolver em iniciativas de inclusão social, conectar-se com grupos que promovem o bem-estar e o desenvolvimento local são formas concretas de alinhar suas ações às suas ideologias.

Cada um de nós carrega uma centelha de mudança dentro. Ao nos dedicarmos a contribuir de alguma forma, estamos alimentando essa centelha, criando uma rede de luz que pode se espalhar. Valorize a potência de suas ações, por menores que possam parecer. Quando se fala de contribuição, não se trata de grandiosidade, mas da sinceridade de se dispor a ajudar o próximo, de empoderar os que estão ao seu redor e fortalecer os laços comunitários.

Neste momento, convido você a refletir: quando foi a última vez que você se dedicou a alguma causa? O que você pode fazer ainda esta semana para se engajar ativamente em sua comunidade? Qual o poder que você possui para inspirar outras pessoas à sua volta?

Nesta jornada de construção e suporte mútuo, lembre-se: o impacto gerado por suas ações ecoa por muito mais tempo do que você pode imaginar. Vamos juntos trilhar esse caminho de doação, solidariedade e transformação? Cada passo dado em direção à ajuda coletiva é um passo em direção à nossa própria realização e crescimento. A comunidade espera por você, pronto para serem a mudança que desejamos ver no mundo.

A contribuição ativa para a comunidade é uma forma poderosa de não apenas mudar realidades, mas também de revelar nossa essência como seres humanos. Muitas vezes, perdidos na correria do dia a dia, deixamos de lado a força que temos ao nos unirmos em prol do bem-estar coletivo. Neste capítulo, vamos explorar maneiras eficazes de você contribuir de forma significativa.

O voluntariado é uma das portas de entrada para experiências que vão além do simples ato de ajudar. Quando você opta por dedicar seu tempo a uma causa, não está apenas prestando um serviço; está, também, enriquecendo sua própria vida. Envolver-se com realidades diferentes proporciona uma oportunidade de autodescoberta, onde suas habilidades, paixões e até mesmo suas crenças são ampliadas. Imagine-se em um abrigo de animais ou ajudando na reforma de uma escola local. A cada interação, você perceberá que, enquanto ajuda, também aprende e se transforma.

Participar ativamente de movimentos sociais é outro caminho poderoso para o engajamento. O coletivismo aqui se torna essencial. Através dessas movimentações, você encontra uma comunidade que compartilha valores e objetivos alinhados. Juntos, é possível ir além das fronteiras pessoais, formando uma rede de apoio e criatividade. Cada campanha e cada protesto têm o potencial de moldar a opinião pública e gerar mudanças reais. O mundo carece de vozes que se levantem pela justiça e pela igualdade.

E, no cotidiano, não devemos descartar as ações individuais. Pequenos atos, como priorizar o comércio local ou estender a mão a um vizinho, podem promover grandes repercussões em sua comunidade. Buscar se envolver em iniciativas de inclusão social, conectar-se com grupos que promovem o bem-estar e o desenvolvimento local são maneiras concretas de alinhar suas ações com suas ideologias.

Cada um de nós carrega uma centelha de mudança dentro de si. Ao nos dedicarmos a contribuir de alguma forma, estamos alimentando essa chama, criando uma rede de luz que pode se expandir. Valorize a potência de suas ações, por menores que possam parecer. Quando se fala em contribuição, não se trata de grandiosidade, mas sim da sinceridade em se dispor a ajudar o próximo, de empoderar aqueles ao seu redor e reforçar os laços comunitários.

Neste momento, convido você a refletir: quando foi a última vez que tomou uma atitude em prol de uma causa? O que pode fazer ainda esta semana para se engajar ativamente em sua comunidade? Qual é o poder que você possui para inspirar aqueles que estão ao seu redor?

Ao explorar essa jornada de construção e suporte mútuo, lembre-se: o impacto gerado por suas ações ecoará por muito mais tempo do que você pode imaginar. Vamos juntos caminhar por esse caminho de doação, solidariedade e transformação? Cada passo direcionado ao auxílio coletivo é um passo rumo à realização e ao crescimento pessoal. A comunidade está esperando por você, pronta para abraçar a mudança que desejamos ver no mundo.

O papel que cada um de nós desempenha dentro da comunidade é inegavelmente significativo. Agora, mais do que nunca, é imperativo refletirmos sobre como podemos nos tornar agentes de transformação e progresso social. Este capítulo busca explorar o impacto imensurável que pequenas ações – aquelas que muitas vezes subestimamos – podem ter em nosso entorno.

Quando pensamos sobre contribuição, a prática do voluntariado se destaca como uma das formas mais nobres de se engajar. Ao decidir dedicar seu tempo e habilidades, você não só está ampliando as possibilidades para aqueles que precisam, mas também está se enriquecendo de experiências e aprendizados únicos. Voluntariar-se vai além da entrega de tempo; é uma oportunidade de conexão real com pessoas e causas que ressoam profundamente com suas crenças e valores.

Imagine-se em uma organização que apoia a educação de jovens de baixa renda. Ao compartilhar seu tempo, você não apenas faz a diferença na vida de um estudante, mas também enriquece sua própria perspectiva sobre desafios e superações. O que começa como um ato altruísta frequentemente se transforma em um caminho de crescimento pessoal, desenvolvendo habilidades como empatia, comunicação e resiliência.

É importante mencionar também que a participação em movimentos sociais pode ser uma forma poderosa de expressão e mudança. Unir-se a pessoas que compartilham da mesma visão cria um sentido de pertencimento e um espaço fértil para efetivar novas ideias. A força de um coletivo atuante pode gerar resultados significativos diante de questões desafiadoras. Exemplo disso são as campanhas que reivindicam direitos e justiça social, onde o engajamento se transforma em mudanças palpáveis.

No entanto, nem todas as

contribuições precisam ser estruturadas; atos cotidianos de bondade e solidariedade também possuem grande valor. Pense sobre o comércio local: ao escolher comprar de pequenos empreendedores ao invés de grandes cadeias, você está ajudando a preservar a economia da sua comunidade e a oferecer oportunidades de crescimento para outros. Cada compra, cada sorriso ou palavra de apoio pode criar um efeito dominó que mudará vidas.

Assim, ao refletirmos sobre este tema, é vital termos presente que a contribuição não é apenas uma ação isolada, mas sim uma série de práticas que geram um ciclo de doação e recebimento. A cada gesto realizado, estamos nutrindo um ambiente onde todos podem prosperar. E ao estabelecer conexões densas e reais, o legado que deixamos por onde passamos ecoa através do tempo.

Convido você a tomar uma ação. Que tal identificar uma causa pela qual você se sente apaixonado ou uma atividade de voluntariado que possa ser interessante? Esse pequeno passo pode não apenas mudar a vida de outros, mas revolucionar a sua própria compreensão de sucesso e felicidade. A verdade é que, ao nos dedicarmos ao bem-estar da coletividade, estamos cultivando um futuro mais luminoso e repleto de potencial para todos. Desperte o agente de mudança que existe em você e faça a diferença, um passo de cada vez.

Capítulo 9: Educação e Informação

A educação é a base de toda transformação e todo avanço social. Em um mundo repleto de informações, é essencial que o leitor compreenda a importância da educação contínua como um recurso vital para se tornar um cidadão engajado e crítico. Educação não é apenas um ato institucional, mas uma jornada que se estende por toda a vida. É a chave que abre portas tanto para o autodesenvolvimento quanto para a capacitação social. Neste primeiro bloco, a reflexão gira em torno do que significa ser um aprendiz constante, onde cada momento é uma nova oportunidade para ampliar conhecimentos e fazer a diferença ao nosso redor.

A educação formal, como a oferecida em escolas e universidades, é sem dúvida um pilar importante no desenvolvimento do indivíduo. No entanto, a educação não se limita a essas paredes. Muitas vezes, o aprendizado mais significativo e disruptivo ocorre fora dos ambientes acadêmicos tradicionais. Cursos online, workshops, debates em grupos comunitários, e até negociações do dia a dia são fertileiras incríveis de conhecimento. Assim, é vital que olhemos com afinco para a educação informal e para as oportunidades que ela proporciona.

Um exemplo notável é o de homens e mulheres que, apesar das adversidades, decidem investir continuamente em suas educações. Pense em figuras proeminentes como Oprah Winfrey, que, independentemente de suas circunstâncias, buscou conhecimento e se formou não só como uma bem-sucedida apresentadora, mas também como uma influente defensora da educação e do empoderamento. Através de sua jornada, ficou claro que a educação vai muito além da teoria; ela molda a maneira como vemos e interagimos no mundo.

Nestes momentos de reflexão sobre quem decidimos nos tornar, é fundamental notarmos a força das relações que cultivamos. Quais pessoas estão ao seu redor? Estão elas investindo em aprendizagem como você? É aqui que a educação contínua se torna ainda mais poderosa: cercar-se de pessoas que também compartilham esse desejo pelo conhecimento cria um ambiente enriquecedor, motivador e cheio de novas ideias.

O conhecimento é uma empreitada que deve ser desbravada constantemente. O que você tem lido, o que você tem assistido, com quem você tem conversado? Essas interações moldam nossa percepção e nos preparam para os desafios que enfrentaremos como cidadãos ativos e informados. Um exemplo claro é a relação crucial entre acesso à educação e participação cívica. Quanto mais bem informados estivermos, mais poderemos agir e intervir em questões que afetam nossas vidas e nossas comunidades.

Portanto, busque sempre a educação que ressoa com sua verdade. Há uma infinidade de cursos disponíveis, bibliotecas recheadas de obras magníficas e um universo digital que pode trazer conteúdos ricos e relevantes. Estabelecer um plano de estudo e manter hábitos de leitura são passos fundamentais para garantir que sua mente esteja sempre em expansão. Que tal, por exemplo, reservar uma hora a mais na sua semana para estudar um assunto do seu interesse? A mudança para um futuro mais consciente começa com pequenas decisões cotidianas.

A educação não deve ser vista apenas como um meio para um fim, mas como uma fonte de crescimento, desenvolvimento e, fundamentalmente, empoderamento individual e coletivo. Ela é a estrutura que nos permite ver além do horizonte, que nos dá a capacidade de transformar não apenas nossas vidas, mas também a sociedade em que estamos inseridos. Ao final deste bloco, portanto, é imperativo que o leitor considere a sua jornada de aprendizado como uma prioridade e um direito.

A importância da educação e da informação é idêntica a semear uma floresta. Cada semente que plantamos se transforma em um conhecimento crescente, onde cada troca e cada nova ideia podem criar um efeito vitalícios. Estejamos sempre prontos para cultivar a educação, e ao fazermos isso, garantiremos que ela prevaleça através das gerações.

Recursos educacionais são fundamentais para qualquer cidadão engajado que busca sua posição no mundo e deseja se tornar um agente ativo de mudança. No atual cenário global, onde a informação é um dos recursos mais valiosos, é essencial que cada um de nós esteja munido de ferramentas adequadas para navegar essa complexidade.

Uma das maneiras mais eficazes de impulsionar o aprendizado é através da leitura. Livros que promovem a formação crítica e entendimento sobre política e sociedade são verdadeiros tesouros em nossa busca por um empoderamento consciente. Autores como Yuval Noah Harari, com sua jornada histórica e reflexiva em "Sapiens", e Naomi Klein, que provoca e desafia o status quo em "A Doutrina do Choque", são exemplos de leituras que oferecem não apenas conhecimento, mas também uma nova forma de ver e interagir com o mundo.

Além disso, a internet está repleta de cursos online que democratizam o acesso ao aprendizado. Plataformas como Coursera, edX e Udemy oferecem uma gama impressionante de cursos sobre temas que vão de direitos humanos a estratégia política, permitindo que o aprendizado se adapte à sua rotina e ao seu ritmo. Ao inscrever-se em cursos que ampliem não só o seu conhecimento técnico, mas também habilidades sociais e emocionais, você se prepara para interagir de forma mais significativa e eficaz em sua comunidade.

Sem dúvida, as instituições de ensino desempenham um papel essencial nesse cenário. Universidades e centros comunitários frequentemente organizam workshops e seminários que discutem questões contemporâneas relevantes. Ao participar dessas iniciativas, não só absorvemos conhecimentos valiosos, mas também nos conectamos a uma rede de pessoas que compartilham interesses semelhantes, criando um ciclo de aprendizado enriquecedor.

É crucial reconhecer a relação direta entre conhecimento e ação. O aprendizado deve ser um meio que nos prepara para agirmos de maneira informada e assertiva em nossas comunidades. Quando nos tornamos cidadãos bem informados, temos a capacidade de intervir de forma eficaz em questões que impacto em nossas vidas e nas daquelas que nos cercam. Este engajamento é o que verdadeiramente promove mudanças sociais.

Então, que tal fazer uma avaliação crítica? Quais novos conhecimentos você pode buscar hoje? Existem oportunidades de cursos ou leituras que você pode iniciar a partir de agora? Ao incorporar a educação em sua vida diária, você não apenas enriquece seu próprio entendimento, mas também se torna uma fonte de inspiração para os que o cercam. Seu compromisso com o aprendizado pode se transformar em um catalisador de mudança em sua comunidade.

E, ao final deste bloco, reflita sobre a importância de cultivar essa sede de conhecimento. Lembre-se de que a informação é poder, mas somente quando aplicada de maneira a conectar, transformar e inspirar. Vamos juntos não apenas aprender, mas também agir com sabedoria e determinação. O futuro da nossa sociedade depende da disposição de cada um de nós para educar e informar, fazendo a diferença, um passo de cada vez.

A informação, neste mundo tão volátil e dinâmico, é como o ar que respiramos. Para um cidadão ativo e consciente, entender e acessar informações corretas e atualizadas é mais do que uma necessidade – é uma responsabilidade. Neste enfoque, será discutida a importância da informação não apenas como um bem, mas como um pilar essencial para a formação de opiniões críticas e atuantes. Em tempos de desinformação e fake news, saber filtrar e avaliar informações se torna um requisito indispensável para todos que desejam contribuir ativamente na sociedade.

Com a ricocheteada era digital, somos bombardeados constantemente por dados. Redes sociais, plataformas de notícias e até conversas informais se tornaram fontes de informação, muitas vezes sem viés ou verificação. Essa sobrecarga pode causar confusão e, pior ainda, gerar desconfiança. Portanto, o primeiro passo é cultivar um olhar crítico. Perguntar-se não só "o que" está sendo compartilhado, mas "quem" está compartilhando, "por quê" e "quais são as fontes" dessas informações é crucial. O debate público se alimenta da capacidade de discernir o que é relevante e veraz.

Os cidadãos bem-informados são aqueles que têm um papel ativo no fomento à democracia. Ao contrabalançar informações de diversas fontes, formar opiniões embasadas e engajar-se em discussões responsáveis, cada indivíduo se torna não só um consumidor, mas um produtor ativo de conhecimento. Um exemplo claro disso é o case de jovens que, através de redes sociais, iniciaram movimentos de conscientização sobre mudanças climáticas. Eles utilizam informações coletadas de instituições respeitáveis para educar e mobilizar outras pessoas, mostrando como o acesso a informações corretas pode se transformar em ação coletiva.

No entanto, o papel da informação se estende além do ativismo. Ela nos ajuda a entender contextos amplos, desde o cerne de políticas públicas até questões sociais negligenciadas. Ter acesso a dados e análises corretas sobre saúde, educação e direitos é o que possibilita que os cidadãos não apenas expressem suas vozes, mas que também ajam com base em fatos concretos. Essa capacidade de investigar e analisar informações transforma a maneira como nos relacionamos com o mundo ao nosso redor.

À medida que você avança nesta jornada de conhecimento, considere como se mantém atualizado e como pode aumentar a sua capacidade de pesquisa. O que você lê diariamente? Que eventos e seminários participa? Conectar-se com fontes respeitáveis e indivíduos que compartilham seus ideais é fundamental para nutrir uma visão crítica sobre o que acontece à sua volta. Envolver-se em diálogos significativos e até mesmo debater com aqueles que pensam diferente de você pode enriquecer sua compreensão e construir pontes onde antes havia barreiras.

Neste mundo de informações rápidas e efêmeras, o que realmente importa é como você utiliza o conhecimento que possui. Informar-se deve ser não apenas um hábito, mas um estilo de vida. A educação é o alicerce, mas a informação é a ferramenta que irá moldar seus argumentos e ações. Então, ao concluir este bloco, convido-o a refletir: como você pode se tornar um consumidor mais consciente de informações? De que maneira você se destaca como um cidadão informado, e como isso pode impactar diretamente os outros ao seu redor?

O acesso à informação não se resume a um direito individual; trata-se de uma veia pulsante para as transformações sociais e políticas que desejamos conquistar. E à medida que viramos as páginas deste capítulo, lembre-se de que é sua responsabilidade não apenas adquirir conhecimento, mas também compartilhá-lo, amplificando vozes e abrindo caminhos para aqueles que ainda estão à procura de informações que podem mudar suas vidas.

Cultivar o hábito do aprendizado é um compromisso que todos devemos assumir, não apenas por uma questão de desenvolvimento pessoal, mas como uma forma de contribuir com o bem-estar da nossa sociedade. Aqui, abordaremos maneiras práticas e significativas de incorporar a educação continuada em sua rotina, destacando a importância da troca de saberes em grupos comunitários e a mentalidade de abertura que precisamos cultivar.

Vamos iniciar propondo um plano

prático que possa ser facilmente seguido. Considerar a implementação de pequenos ciclos de aprendizado na sua semana pode ser o primeiro passo. Que tal dedicar uma hora de leitura por dia? Pode ser um livro que desafie suas percepções ou um texto que proponha novas ideias sobre política, direitos humanos, finanças ou qualquer assunto que também desperte seu interesse. O importante é estacionar o tempo para se enriquecer em conhecimentos.

Além disso, sugerimos a criação de grupos de estudo dentro da sua comunidade. Esses grupos oferecem um espaço seguro e motivador para o intercâmbio de ideias e experiências. Imagine reunir amigos ou vizinhos que compartilhem do seu interesse por um determinado tema. Juntos, vocês podem ler livros, discutir notícias ou assistir a documentários e, em seguida, debater sobre o que aprenderam. Esse ambiente colaborativo não apenas cria uma rede de suporte, mas também amplia a capacidade de todos de pensar criticamente e questionar o que consideram.

Na busca pelo aprendizado contínuo,

não podemos esquecer a importância da reflexão. Reserve um tempo ao final de cada semana para avaliar o que aprendeu. Como isso pode ser aplicado em seu cotidiano? Quais são as adaptabilidades que você pode fazer com base no que compreendeu? Uma prática de reflexão simples, como escrever um diário, pode ajudar a registrar seu progresso, ao mesmo tempo que proporciona clareza sobre suas metas e desafios.

Ademais, lembre-se que a educação não é um processo solitário. Convidar pessoas para o seu círculo de aprendizado e influenciar a todos com essa mentalidade pode criar um impacto positivo em seu relacionamento interpessoal. Assim, ao compartilhar seu conhecimento, você não apenas se torna um agente de mudança para si mesmo, mas também transforma o ambiente ao seu redor. O cativante é observar como essas trocas geram energia e novas perspectivas, diante das quais todos se beneficiam.

Por fim, encorajo você a manter sempre uma mente aberta e a ficar atento às novas possibilidades de aprendizado. A beleza do processo educacional é que ele nunca se esgota; a cada livro, a cada discussão, você se torna mais preparado para mergulhar em novas aventuras e desafios. Ao finalizar este bloco, reflita sobre as oportunidades que você pode criar para si mesmo e para aqueles ao seu redor. As sementes do conhecimento, uma vez plantadas, podem frutificar em formas jamais imaginadas, enriquecendo sua vida e a de outros. Portanto, faça desse compromisso um alicerce na sua trajetória e veja quanto você e sua comunidade podem crescer juntos.

E, acima de tudo, celebre cada pequeno aprendizado. Conversas com amigos, momentos de leitura em um café ou até mesmo debates informais no trabalho são as tintas que irão colorir a educação que você decide abraçar. O aprendizado é um presente que se dá a si mesmo e aos outros; e quando cultivado com carinho, floresce de formas extraordinárias, galvanizando as mudanças desejadas em nosso mundo.

Capítulo 10: Enfrentando Adversidades

Reconhecer os desafios é o primeiro passo para a transformação. Na jornada da vida, cada um de nós se depara com adversidades que podem surgir de diversas formas: uma crítica cortante, um fracasso aparente ou uma crise pessoal. O que os transforma em obstáculos reais é a nossa percepção e a forma como respondemos a eles. O desafio é inevitável, mas a maneira como o encaramos é o que realmente molda o nosso caráter e a nossa trajetória.

Muitas vezes, essas dificuldades podem provocar sentimentos de insegurança, dúvida e, até mesmo, desânimo. É compreensível que em tempos de crise, a mente fique sobrecarregada, criando cenários de catástrofe que muitas vezes não se concretizam. Porém, é crucial lembrar que as adversidades não definem quem somos, mas sim como reagimos diante delas. Histórias de grandes líderes e figuras inspiradoras nos mostram que, ao enfrentarmos um desafio, podemos descobrir uma força interior que muitas vezes desconhecíamos.

Um bom exemplo disso é a história de Soichiro Honda, o fundador da Honda Motor Company. Ao longo de sua vida, ele enfrentou inúmeros reveses – desde os bombardeios que destruíram sua oficina durante a Segunda Guerra Mundial até as rejeições que sofreu ao apresentar suas ideias. Em vez de se deixar vencer, Honda cercou-se de uma mentalidade resiliente, utilizando suas desilusões como fonte de aprendizado e motivação. Essa resiliência, que o levou a inovar e se destacar no mercado automobilístico, é um testemunho do que é possível alcançar quando decidimos não ceder aos desafios. A sua jornada se desenhou com a corajosa decisão de usar as experiências difíceis como combustível para o sucesso.

E você, como reage às adversidades em sua vida? É comum ficar preso no ciclo de reclamação e autocomiseração. Pequenas vozes internas que nos dizem "não é possível" ou "não sou capaz" podem ganhar força em momentos de fraqueza. No entanto, é necessário lembrar que nossa capacidade de superação nasce do reconhecimento de que o fracasso não é o fim, mas sim parte do caminho. Cada erro, cada crítica e cada crise traz consigo uma oportunidade vida para evolução. Assim como Honda, que ao invés de se fixar em suas desilusões, transformou-as em aprendizados, nós também precisamos cultivar essa visão positiva.

Ao sentir um desafio, faça uma pausa. Questione-se: "O que posso aprender com isso?" ou "Como esta situação pode me fazer crescer?" Tais reflexões são fundamentais para desenvolver uma mentalidade forte, que não se deixa abalar facilmente pelos reveses da vida.

A próxima vez que você se encontrar em uma situação desafiadora, envolva-se na reflexão, busque apoio e, principalmente, mantenha a visão de longo prazo. Os desafios que hoje parecem intransponíveis, amanhã poderão ser apenas capítulos da sua história de sucesso. O caminho até a superação é muitas vezes mais valioso do que o próprio destino. No final, como na frase que tanto ressoa, aqueles que enfrentam a adversidade, frequentemente, são os verdadeiros vencedores forjados na brasa do desafio.

Qualquer que seja o desafio que você enfrente, lembre-se: a resiliência é uma habilidade que pode ser cultivada. E ao longo dessa jornada, a frustração e a dor muitas vezes dão lugar à realização e a conquistas memoráveis. Não há dúvida de que, ao enfrentarmos e superarmos adversidades, estamos pavimentando nosso caminho para um futuro mais brilhante e repleto de realizações.

As adversidades surgem em nossas vidas como desafios inevitáveis, e nossa capacidade de enfrentá-las determina não apenas nossa trajetória, mas também nosso crescimento pessoal. Neste segundo bloco do Capítulo 10, é essencial focar nas ferramentas de resiliência que podemos cultivar para nos preparar melhor para esses momentos difíceis.

A resiliência não é uma qualidade inata. Pelo contrário, é uma habilidade que pode ser desenvolvida e fortalecida ao longo do tempo. Quando nos deparamos com dificuldades, a maneira como reagimos a elas é decisiva para nossa superação. Uma mentalidade resiliente é essencial, pois nos permite ver as situações desafiadoras como oportunidades de aprendizado, e não apenas como obstáculos a serem superados.

Um dos primeiros passos para cultivar essa mentalidade é a prática da gratidão. Quando nos concentramos nas coisas pelas quais somos gratos, mudamos nosso foco do negativo para o positivo. Isso não significa ignorar os desafios, mas sim construir um espaço mental onde as adversidades são reconhecidas, mas não dominam nossa narrativa. Um exercício simples pode ser a criação de um diário de gratidão, onde você reserva um momento ao final de cada dia para anotar três coisas que ocorreram e que foram positivas, por menores que sejam.

Outra ferramenta valiosa é a meditação. A meditação não só ajuda a reduzir o estresse, mas também promove uma maior autoconfiança e clareza mental. Ao practicá-la regularmente, você treina sua mente para permanecer centrada mesmo em momentos de crise. Pode iniciar com apenas alguns minutos por dia, aumentando gradualmente o tempo de prática. Te convido a experimentar aplicativos de meditação que oferecem guiamentos, facilitando essa introdução a ciclo de reflexão e autocuidado.

Visualizar os seus objetivos também pode ser um poderoso aliado na construção da resiliência. Ao imaginar-se alcançando o que deseja, você ativa não apenas a sua motivação, mas também prepara o seu subconsciente para encontrar maneiras de transitar pelos desafios que surgirem. A visualização torna-se uma prática inspiradora que reforça sua determinação e foco nos resultados que você almeja.

Incorporar práticas diárias que promovam o autocuidado é igualmente essencial. Se você mantiver uma rotina saudável — com prática regular de exercícios, uma alimentação balanceada e um espaço para momentos de lazer e descontração —, estará criando uma infraestrutura forte sobre a qual sua resiliência poderá se apoiar. Não subestime o poder de um descanso adequado. Afinal, uma mente descansada, longe do desgaste e sobrecarga, funcionará com mais clareza e eficácia na hora de enfrentar as adversidades.

Essas práticas, combinadas com o apoio de sua rede de relacionamentos, formam uma base sólida para enfrentar os desafios. As pessoas com quem nos cercamos têm um impacto significativo em nosso bem-estar. Busque se conectar com aquelas que compartilham valores semelhantes e que estão dispostas a oferecer suporte emocional. Grupos de apoio, clubes ou até mesmo encontros informais com amigos podem servir como espaços de troca e construção mútua de força.

Ao integrar essas ferramentas em sua vida, você não estará apenas se preparando para os desafios, mas também aprenderá a navegá-los de forma mais produtiva e positiva. Afinal, a adversidade é uma parte da vida, mas a resposta a ela é a escolha que todos nós podemos fazer. E, ao final deste bloco, incentive-se a sempre buscar um espaço de aprendizado e crescimento, transformando cada desafio em uma oportunidade de evolução.

Inspirar-se em figuras excepcionais é um caminho poderoso para transformar adversidades em superações. O terceiro bloco do Capítulo 10 nos convida a explorar histórias de pessoas cuja vida e trajetória exemplificam resiliência e determinação. Estas narrativas são combustível para nosso próprio processo de enfrentamento de dificuldades, e cada exemplo nos oferece lições valiosas sobre como enfrentar desafios de maneira eficaz.

Considere a história de Nelson Mandela. Após passar 27 anos na prisão por sua luta contra o apartheid, ele emergiu não como um homem amargurado, mas como um líder que buscou a reconciliação e a unidade nacional. Sua capacidade de perdoar e sua dedicação a um propósito maior são testemunhos vivos de como adversidades podem moldar lideranças inspiradoras. Ele nos mostra que, mesmo em face às mais profundas dores e injustiças, podemos escolher a transformação por meio do amor e da compaixão.

Outra figura emblemática é Malala Yousafzai. Desde muito jovem, Malala enfrentou a resistência ao acesso à educação para meninas em sua terra natal, o Paquistão. Quando foi atacada em 2012, sua luta pela educação apenas se intensificou. Desde então, ela se tornou uma voz global em favor dos direitos educacionais, provando que até as experiências mais traumáticas podem gerar mudanças profundas e duradouras. Malala nos ensina que a força não vem da ausência de medo, mas da coragem de agir mesmo quando o medo é palpável.

Vivemos, assim, a importância de nos cercar de tais histórias e refletir sobre o que elas trazem para nosso cotidiano. Quando nos deparamos com desafios, é fundamental lembrar que as dificuldades podem ser catalisadores de crescimento. Aprender com essas experiências é essencial. O que podemos absorver da jornada de Mandelas e Malalas do mundo? Como suas conquistas podem nos influenciar pessoalmente, inspirando uma nova perspectiva diante de nossas próprias lutas?

As narrativas de superação são um lembrete poderoso de que podemos encontrar forças nas adversidades. Elas ecoam a necessidade de nunca subestimar nossa capacidade de adaptação e superação. Como o próprio Mandela disse: "Eu nunca perco. Ou ganho, ou aprendo." Cada desafio pode ser um convite para buscar conhecimento e adaptabilidade.

Ao final deste bloco, pergunte-se: a quem você recorre para inspirações em tempos difíceis? Que tipo de histórias você nutre em sua mente e coração? Ao nos conectarmos com essas narrativas inspiradoras e permitirmos que elas nos guiem, inevitavelmente, estaremos mais bem preparados para enfrentar quaisquer tempestades que a vida nos traga. Vamos juntos lembrar que as páginas das nossas histórias ainda estão sendo escritas, e o clímax muitas vezes se revela após os momentos de maior dificuldade.

Criar uma rede de apoio é um dos pilares que sustentam o enfrentamento de adversidades. Assim como uma árvore que, diante de tempestades, se beneficia de uma raiz forte e ramificações que se entrelaçam para formar um sistema solidário, assim também nós devemos cultivar relacionamentos que proporcionem resiliência e suporte. Quando enfrentamos desafios, o ambiente social que nos rodeia pode se tornar um dos mais valiosos recursos.

Ter ao nosso lado pessoas que acreditam no nosso potencial faz toda a diferença. Como mencionado na história de Laura, que encontrou uma mentora em Ana, a troca de experiências e orientações pode acelerar nosso crescimento e moldar nossa mentalidade. Essa conexão se torna um catalisador para nossas conquistas, pois é no compartilhamento que crescemos mutuamente. Laura não só recebeu apoio, mas também aprendeu a importância de estabelecer metas claras e construir uma rede de contatos sólida. O exato mesmo pode acontecer com você.

Reflita por um momento: como está a sua própria rede de relacionamentos? Quais pessoas estão ao seu redor atualmente? Estão elas lhe proporcionando apoio e motivação suficiente, ou você se sente mais puxado para baixo do que elevado? É fundamental identificar aqueles que realmente importam e estão dispostos a compartilhar suas vitórias. Essas conexões se tornam uma armadura e um suporte em momentos difíceis.

A fragilidade das relações

interpessoais, especialmente em tempos de crise, é um fato conhecido. No entanto, fazer um esforço consciente para cultivar amizades e conexões com indivíduos que compartilham de valores semelhantes pode ser uma maneira eficaz de criar um ambiente propício à evolução. Participe de grupos de interesse, entre em debates respeitosos, busque eventos que promovam um entendimento mútuo e uma troca de saberes.

É também vital compreender que o apoio não precisa vir apenas de amigos ou familiares. Grupos de apoio ou redes de mentoria podem se tornar fontes inestimáveis de orientação e encorajamento. O exemplo de Lucas é emblemático: ele decidiu se afastar de relacionamentos que o puxavam para baixo e buscou novas oportunidades ao redor de pessoas que o inspiravam. O resultado foi não apenas um crescimento pessoal significativo, mas também o surgimento de uma nova direção na sua vida profissional.

Antes de concluir este capítulo, detenha-se em mais uma reflexão: como você pode se tornar uma fonte de apoio para os outros? Construir uma rede de apoio eficaz envolve tanto receber quanto oferecer suporte. Seja um mentor, esteja presente em momentos de dificuldade e cultive essa troca genuína. Esse compromisso ativo de ajudar o outro não apenas solidifica sua própria rede, como também gera um efeito cascata de crescimento e respeito mútuo, tornando a jornada juntos uma experiência ainda mais rica e impactante.

Encorajo você a escrever os nomes de pessoas que fazem parte da sua rede de apoio. A próxima etapa é manter contato, cultivar essas relações e formar novos laços. A natureza do ser humano é voltada para a coletividade; somos mais fortes quando estamos juntos. Portanto, ao cercar-se de pessoas que realmente fazem a diferença, você estará criando as bases para uma vida mais rica, significativa e resiliente, capaz de enfrentar qualquer adversidade com coragem e determinação.

Capítulo 11: Construindo um Futuro com Esperança

A verdadeira construção de um futuro promissor começa com a percepção da importância de se ter uma visão clara. Essa visão, por sua vez, é moldada por sonhos, esperanças e valores que cada um de nós carrega em seu interior. Sonhar grande pode parecer um desafio em uma sociedade muitas vezes marcada por incertezas, mas é exatamente essa capacidade de sonhar que nos permite projetar um caminho à frente.

Imagine-se em um ponto elevado, onde você consegue olhar para o horizonte. Ao fazer isso, você observa várias estradas se ramificando diante de você. Algumas parecem bem alinhadas e atraentes, enquanto outras podem parecer obscuras ou perigosas. Essa imagem, caro leitor, é uma metáfora poderosa: a escolha da estrada a seguir está em suas mãos, e a visão que você tem do futuro pode muito bem determinar qual caminho você decidirá trilhar.

Para muitos, ter uma visão clara é o combustível que alimenta a vontade de seguir em frente, mesmo em tempos difíceis. O que a história nos ensina é que aqueles que conseguiram transformar suas vidas não foram necessariamente os mais talentosos ou sortudos, mas sim aqueles que mantiveram uma imagem vívida de seu futuro ideal. Um exemplo inspirador vem da vida de Oprah Winfrey, que desde muito jovem sonhava com uma vida de liberdade e sucesso, apesar das adversidades enfrentadas em sua infância. Ela tinha uma visão do que queria realizar e, a cada passo, usou essa visão como guia, transformando seus sonhos em realidade.

Assim, o primeiro passo que convido você a dar é o de autodescoberta. Você pode começar perguntando-se: "Quais são os meus valores mais profundos? O que me traz alegria e entusiasmo?". Fazer essa reflexão é essencial para que sua visão se torne não apenas um desejo, mas um plano concreto que possa orientá-lo nas decisões do dia a dia.

Uma visualização clara e detalhada do futuro que você deseja pode agir como um mapa, orientando suas ações cotidianas. Essa prática pode incluir o estabelecimento de metas, a criação de um painel de visualização com imagens que representem seus sonhos, ou mesmo a elaboração de um diário onde se registre o que gostaria de alcançar. Quando você concretiza visualmente seus objetivos e os escreve, está se comprometendo a fazer o que for necessário para alcançá-los.

Historicamente, também podemos observar que muitos inovadores e líderes deram passos ousados em direções que pareciam incertas, guiados por suas visões. Pense em Steve Jobs, que tinha uma visão clara de criar produtos que não apenas funcionassem bem, mas que dessem ao usuário uma experiência única de interação. Seu foco e determinação em perseguir essa visão, mesmo diante de desafios e críticas, levaram à criação de uma das empresas mais inovadoras do mundo.

Contudo, para realmente construir um futuro repleto de esperança, é fundamental dividir essa visão em ações diárias. Nossas pequenas decisões, somadas ao compromisso contínuo em seguir a trajetória que estabelecemos, são o que transforma sonhos em realidades tangíveis.

Como você pode, então, traduzir sua visão em ações concretas? Um método eficaz é estabelecer metas de curto e longo prazo que estejam alinhadas à sua visão. Invista tempo em planejar. Uma vez que você tenha clareza sobre aonde deseja chegar, a próxima etapa é definir marcos ao longo do caminho. Essas etapas não apenas ajudam você a permanecer no caminho certo, mas também celebram cada pequeno sucesso, alimentando sua motivação.

Neste ponto, você pode se perguntar: "O que tenho feito em direção a minha visão ultimamente?" Aproveite essa oportunidade para rever suas ações e reestruturar suas prioridades, se necessário. A vida é uma jornada repleta de reveses e vitórias, e cada um deles forma uma parte intrínseca de sua história.

A construção de um futuro significativo requer esforço contínuo e um comprometimento sincero com nossas visões e valores. Ao final deste bloco, convido você a refletir: que tipo de futuro deseja criar para si mesmo? O poder está em suas mãos, e a ação é o primeiro passo para seguir adiante e se tornar autor da sua própria história de sucesso. Juntos, podemos construir não apenas um futuro promissor, mas um futuro repleto de esperança e realizações significativas.

As perspectivas que você compartilha e os sonhos que alberga podem muito bem tornar-se não apenas um guia para a sua vida, mas uma fonte de inspiração e união para aqueles ao seu redor. Portanto, lance a semente da sua visão no solo fértil da determinação e da resiliência, e observe-a florescer abundantemente nas trilhas da vida.

Estabelecer metas claras e alcançáveis é um dos passos mais fundamentais na jornada rumo ao futuro que almejamos. No segundo bloco deste capítulo, vamos nos aprofundar na prática de definir essas metas, com a certeza de que cada estratégia eficaz pode ser o diferencial entre o sonho e a realidade.

Toda grande jornada começa com um pequeno passo. E, para que esse passo inicial não se perca em meio à vastidão das intenções, é preciso segmentar nossos objetivos. Ao desdobrar uma visão ambiciosa em metas tangíveis, você transforma uma ideia abstrata em uma série de passos práticos. Pergunte-se: "O que eu preciso fazer para chegar onde desejo?". Cada resposta é um degrau na escada que leva ao seu futuro ideal.

Uma das maneiras mais eficientes de estruturar essas metas é a famosa metodologia SMART. Essa sigla representa: específico, mensurável, alcançável, relevante e temporal. Quando você define um objetivo específico, como "aumentar minhas vendas em 20% nos próximos seis meses", já está engajando-se no processo e evitando a armadilha das generalidades. Esse detalhamento é essencial para criar um senso de urgência e propósito, além de um caminho claro para monitorar seu progresso.

Mas não se limite a estabelecer apenas metas a longo prazo. Metas de curto prazo são igualmente importantes, pois ajudam a construir a confiança necessária para enfrentar desafios maiores. Uma progressão constante gera motivação, e cada pequeno sucesso deve ser celebrado como um marco no seu caminho. Registrar essas conquistas em um diário pode proporcionar uma perspectiva valiosa e inspiradora, tornando-se uma fonte de motivação em momentos de dúvida.

Um ponto a ser destacado é a importância da flexibilidade no planejamento. À medida que avançamos, é natural que circunstâncias e prioridades mudem. O que você pensou que seria um objetivo desejado hoje pode não parecer tão interessante amanhã. Esteja aberto a revisar suas metas, adaptando-as às novas situações que surgem e às lições que a vida apresenta. Essa adaptabilidade é um sinal de que você está aprendendo e crescendo.

Vamos também olhar para uma prática que pode elevar sua eficácia: compartilhar suas metas com outras pessoas. Estudos mostram que quando você expressa seus objetivos verbalmente, aumenta as chances de consegui-los. Encontrar um parceiro de responsabilidade, seja um amigo, mentor ou um grupo de apoio, pode fazer com que você não seja apenas ancorado a sua meta, mas também impulsionado por pessoas que acreditam em você.

É vital lembrar que o lado emocional da jornada é tão importante quanto o lado prático. Ao estipular suas metas, envolva-se emocionalmente com elas. Visualize a sensação de conquista, a alegría de realizar o que você se propôs. Essa conexão emocional se tornará a força motriz que irá mantê-lo focado durante os momentos desafiadores.

Cultive o hábito de revisar regularmente suas metas e reflexões sobre o que você aprendeu ao longo do caminho. Essa prática permitirá que você não apenas ajuste sua rota, como também celebre seu crescimento e aprendizado contínuo. Afinal, ao final do dia, as metas não são apenas números em uma lista. Elas representam a transformação de suas aspirações em realidade, e essa transformação é um testemunho de seu esforço, visão e resiliência.

Criar um plano de ação, desenhar o mapa do seu futuro e se comprometer em segui-lo é um dos legados mais poderosos que você pode deixar para si mesmo. Lembre-se sempre: O futuro que você imagina pode ser alcançado através das escolhas que faz hoje. A cada passo dado, você está se aproximando de um amanhã repleto de oportunidades e conquistas significativas.

A força da união e da colaboração é um elemento vital na construção de um futuro repleto de esperança e prosperidade. Quando unimos forças em torno de propósitos comuns, não apenas ampliamos nossas capacidades individuais, mas também criamos um impacto muito maior. Este é um princípio fundamental que ecoa através das narrativas de inúmeras comunidades e movimentos sociais ao longo da história.

Ao olharmos para o passado, lembramo-nos de lutas que mudaram o curso de sociedades inteiras. A união de indivíduos em prol de direitos iguais e justiça social é um testemunho poderoso dessa força. Exemplos como o movimento pelos direitos civis liderado por Martin Luther King Jr. nos ensinam que a força coletiva pode desafiar sistemas opressivos e trazer mudanças significativas. Cada passo dado em conjunto, cada clamor por justiça, contribuiu para um futuro mais equitativo.

É nessa perspectiva que convido você a considerar suas próprias conexões e o papel que cada um pode desempenhar na sociedade. Está evidente que, como indivíduos, somos mais fortes quando estamos unidos. A força de uma comunidade que se apoia mutuamente pode superar até os desafios mais severos. Isso não significa, no entanto, que cada pessoa deve se anular em nome do grupo. Não! A verdadeira colaboração respeita as individualidades e utiliza as diferenças como impulsos para a inovação e a criatividade.

Imagine um grupo diversificado de pessoas, cada uma trazendo suas experiências, habilidades e visões únicas para a mesa. Essa diversidade é a verdadeira força. Em um projeto empreendido coletivamente, cada ideia e perspectiva adicionam uma nova camada ao entendimento do objetivo comum. Assim, a colaboração se torna um verdadeiro mosaico que reflete a riqueza de vivências de todos os envolvidos. Pergunte-se: como posso contribuir com minhas singularidades para a causa que defendo? Que habilidades e talentos posso compartilhar?

Historicamente, a união sempre produziu resultados transformadores. O exemplo de iniciativas comunitárias que floriram em tempos de calamidade social e econômica é notável. Comunidades que se reúnem para enfrentar a pobreza, a violência ou situações de crise de saúde pública mostram que, quando as pessoas se reúnem em busca de soluções, os resultados podem ser surpreendentes. O cenário brasileiro, por exemplo, testemunhou movimentos de solidariedade em tempos de dificuldades, onde a união entre vizinhos se tornou a chave para a superação de desafios cotidianos.

No entanto, para que essa união seja eficaz, é essencial cultivar um ambiente de respeito, confiança e empatia. Cada parte envolvida deve se sentir valorizada e respeitada. Um líder que inspira confiança e promove um espaço seguro para que todos se expressem estará à frente de um movimento significativo. Essa liderança empática é capaz de reunir vozes, impulsionando cada um a dar o seu melhor.

Ao construir esse ambiente

colaborativo, lembre-se de que as parcerias não se limitam apenas a projetos comunitários. Formar alianças com mentores, colegas de trabalho e até mesmo amigos pode desencadear novas oportunidades. Ao se conectar com aqueles que compartilham da mesma visão ou propósito, você não apenas se fortalece, mas também ajuda a estimular o crescimento dos que estão à sua volta. Este é o círculo virtuoso da colaboração.

A jornada para um futuro promissor se dá quando transcender a mera competição. O espírito de "juntos somos mais" gera um efeito que transforma não só aqueles que estão diretamente envolvidos, mas também impacta a sociedade em geral. Ao semear o bem e extensão da solidariedade, você está contribuindo para um amanhã melhor.

Assim, ao refletir sobre o poder da união em sua própria vida, pergunte-se: como posso me unir a outros para impor mudanças positivas? Quais ações práticas posso realizar hoje que levarão à construção de um futuro repleto de esperança? O comprometimento coletivo não apenas proporciona uma base sólida, mas também alimenta a motivação e a esperança sobre o que podemos conquistar juntos.

Esse é o caminho que traremos até os próximos blocos deste capítulo, onde exploraremos como manter a motivação ao longo dessa jornada. Juntos, em harmonia, podemos continuar a moldar nossos destinos e criar radiosas possibilidades para um futuro mais esperançoso e vibrante.

Manter a motivação e a esperança é um aspecto essencial na construção de um futuro promissor. Muitas vezes, os desafios parecem intransponíveis e a incerteza pode nos invadir. No entanto, é justamente nessa hora que devemos procurar as fontes que alimentam nossa determinação e nos mantêm no caminho certo.

Uma prática poderosa para cultivar a motivação é o hábito de celebrar pequenas conquistas. Cada passo dado, não importa quão pequeno, representa um progresso significativo em direção aos seus objetivos. Quando reconhecemos e comemoramos essas vitórias, criamos um ciclo positivo e motivador. Esse ato não apenas reforça nossa autoconfiança, mas também nos lembra de que cada esforço vale a pena. Ao final de cada semana, reserve um momento para refletir sobre suas conquistas. Pode ser tão simples quanto preparar um prato favorito como forma de celebração ou compartilhar seu feito com alguém querido. Esses rituais simples são fundamentais para manter alta a chama da motivação.

Além disso, a prática da autocuidado é essencial para sustentar a energia emocional ao longo da jornada. Cuidar de si mesmo não significa apenas tratar-se bem, mas estabelecer uma base sólida que suporte todos os seus desafios. Reserve tempo para atividades que você ama e que o relaxam. A meditação, a leitura e o passando tempo na natureza são ótimas opções que podem ajudá-lo a recarregar as energias. Este momento de desconexão pode trazer lucidez ao tomar decisões importantes e renovar seu foco.

A construção de um ambiente positivo é uma outra habilidade crucial. Envolver-se com pessoas que compartilham da sua visão e que o inspiram é um fator determinante. O poder da coletividade está em sua capacidade de nos elevar, de nos fazer acreditar que é possível realizar nossos sonhos. Portanto, busque se cercar de indivíduos motivados, que já atingiram o que você deseja. Quanto mais você se expõe a essas influências, mais estímulos receberá para continuar em sua jornada.

Mas lembre-se: a esperança deve ser cultivada como um jardim. Um espaço que precisa ser cuidado diariamente. Uma prática que pode se mostrar muito eficaz é criar um mural ou um painel de visualização com imagens, citações e metas que representam sua visão do futuro. Ao olhar para esse painel, você reativa sua motivação e reforça suas intenções, visualizando que cada um dos passos que você está tomando, na verdade, está se congregando para a realização de uma grande e significativa conquista.

Por fim, não subestime o poder da reflexão. Reserve um momento a cada mês para revisar suas metas. Pergunte-se: "O que eu realizei?", "O que aprenderei com isso?" e "Qual é o próximo passo?" A autoavaliação constante traz clareza e ajuda a redirecionar o percurso caso algo não esteja funcionando como planejado. Essa abordagem esclarecedora produz um entendimento profundo sobre o que realmente importa e facilita a continuidade do progresso.

Cada dia, cada evento e cada pessoa que cruza seu caminho traz a chance de enriquecer sua jornada. Ao fim, são essas experiências que moldarão não apenas o seu futuro, mas quem você se tornará ao longo do caminho. A construção de um futuro repleto de esperança não é apenas uma aspiração; é uma atividade diária feita de ações, reflexões e conexões que movem montanhas.

Então, ao olharmos para o horizonte da vida, lembre-se: a verdadeira força para manter a motivação e a esperança está nas pequenas coisas do dia a dia. Abrace cada uma delas, e use-as como gasolina para seguir adiante em busca de seus sonhos e objetivos.

Capítulo 12: O Caminho Para a Transformação Pessoal e Coletiva

Refletir sobre as lições que aprendemos ao longo desta jornada é como revisitar um caminho já trilhado, onde cada passo representa uma conquista. Ao encerrar este livro, convido você a mergulhar em um momento de reflexão profunda, lembrando-se de tudo o que abordamos. A transformação que buscamos em nossas vidas começa com o reconhecimento do que nos motiva, do que aprendemos e, acima de tudo, de como isso se aplica a sua realidade.

Neste primeiro momento, cabe destacar três perguntas que podem guiar sua reflexão:

- O que gostei de aplicar em minha vida até aqui?
- Quais foram os conceitos que mais ressoaram comigo?
- Como posso incorporar esses ensinamentos na minha rotina diária?

Reserve alguns instantes para escrever suas respostas. Esse exercício é essencial para solidificar os aprendizados e garantir que eles se tornem parte intrínseca de sua jornada. A autoanálises nos ajuda a internalizar e a transformar teoria em prática, despertando a consciência sobre o nosso próprio crescimento.

A transformação pessoal é um processo contínuo e, ao compartilharmos nossas histórias e experiências, criamos um ambiente propício para que outros também se sintam inspirados a agir. Lembre-se de que cada pequena ação conta e, quando unimos esforços, podemos criar um impacto significativo.

Transitando para um chamado à ação coletiva, chegamos ao entendimento crucial: a mudança real acontece quando juntos decidimos agir. Cada indivíduo pode ser um agente de transformação, e contribuir para causas maiores é uma maneira poderosa de fortalecer nossa comunidade. Pense nos pequenos ou grandes passos que você pode dar para se unir a um grupo ou movimento que compartilhe suas paixões e valores. A colaboração é a chave para enfrentar grandes desafios e sanar injustiças que persistem em nossa sociedade.

Imagine-se fazendo parte de um projeto de voluntariado, ou unindo-se a um círculo de pessoas que sonham com um mundo melhor. Ao se conectar a essas iniciativas, você não apenas faz a diferença na comunidade, mas também enriquece sua própria vida, criando laços significativos.

Aqui, é fundamental compartilhar exemplos inspiradores de iniciativas que surgiram a partir da união de indivíduos determinados. Movimentos contra a desigualdade social, defensoras da educação e do meio ambiente, entre muitos outros, desabrocharam do desejo de um grupo em fazer a diferença. Pense na força poderosa que pode ser gerada quando unimos nossas paixões e sonhos a um propósito maior.

Através da colaboração e da intenção coletiva, podemos traçar um caminho não apenas para a nossa própria transformação, mas para a de muitos. Cada voz importa, cada ação conta e, juntos, podemos criar uma sinfonia de mudanças que ecoe em direções positivas.

Ao final deste capítulo, convido você a olhar para o futuro. A jornada não termina aqui. Sua continuidade depende de sua vontade de se envolver e estimular transformações, tanto em sua vida quanto ao seu redor. A esperança, unida à ação, se torna uma ferramenta poderosa.

Continue a alimentar essa visão. Pratique a gratidão, a conexão, e busque sempre aprender e crescer junto de outros. Quando estamos unidos em propósito, enfrentamos cada desafio com coragem e determinação. Então, que você possa ser um farol de luz, um exemplo de ação, e um agente na construção de um mundo melhor.

Neste próximo bloco, vamos explorar a necessidade de manter viva a esperança e cultivar visões de futuro. Aqui, a prática diária da esperança será discutida como uma poderosa aliada na transformação e na construção desse futuro sonhado, tanto no âmbito pessoal quanto coletivo.

Uma Chamada à Ação Coletiva

O tempo de agir é agora. A transformação que tanto almejamos, seja em nossa vida individual, seja na nossa sociedade, depende de um importante movimento em conjunto. O poder da união não se resume apenas a ideais e conversas inspiradoras; a verdadeira potência se revela nas ações que decidimos tomar juntos em prol de causas compartilhadas. A história nos mostra que tudo que foi conquistado por meio da luta e da determinação coletiva resulta em mudanças profundas e duradouras.

Quando falamos de ação coletiva, estamos nos referindo a um trabalho que vai além do individual; trata-se de somar vozes, ideias e forças em torno de um propósito comum. Envolver-se em projetos que visem a melhoria da comunidade não é apenas um dever, é um privilégio que temos para impactar a vida das pessoas ao nosso redor e promover um futuro mais justo e promissor.

Dentre as possibilidades que se apresentam a nós, o voluntariado se destaca. Participar de ações em sua comunidade ou se juntar a organizações que atuam em áreas como educação, meio ambiente ou assistência social pode ser um ótimo ponto de partida. Mas como dar esse primeiro passo? Uma forma prática de começar é identificar instituições que ressoem com seus valores e interesses. Pesquise sobre o trabalho que elas realizam e, em seguida, busque maneiras de contribuir — seja com seu tempo, habilidades ou mesmo recursos financeiros.

Além disso, o ativismo social também é uma forma poderosa de se unir a uma causa. Seja pela busca de justiça racial, igualdade de gêneros ou pela defesa dos direitos humanos, as mobilizações grupais são essenciais para gerar mudanças significativas. Utilize suas plataformas — redes sociais, reuniões ou eventos comunitários — para levantar questões importantes, engajar pessoas que compartilham das mesmas inquietações e promover um diálogo saudável. O verdadeiro ativismo se fundamenta na empatia e compreensão, criando um espaço seguro onde as vozes podem ser ouvidas e valorizadas.

Vale lembrar que cada esforço individual, por menor que seja, se acumula e se transforma em movimento. A desconstrução de barreiras e preconceitos inicia-se com pequenas ações que, se somadas, transformam-se em grandes conquistas. Pense nas mudanças que você gostaria de ver e como você pode ativar essas transformações através da colaboração.

Quando nos unimos para agir, criamos um ambiente propício para a inovação e a imaginação. A troca de experiências e saberes entre indivíduos que partilham uma visão comum enriquece o projeto e catalisa ideias criativas. Na prática, isso pode ser realizado através de workshops comunitários, feiras sociais ou fóruns que reúnem cidadãos interessados em aprender uns com os outros. Esses intercâmbios não apenas promovem aprendizado, como também fortalecem os laços entre os participantes, construindo uma rede de apoio que se estende além do momento da ação.

Vamos também considerar a importância do engajamento político. A transformação não se dá apenas nas práticas direto da comunidade, mas também nas esferas institucionais. Conheça o funcionamento do sistema político em sua cidade e busque participar ativamente, seja por meio de reuniões públicas, abaixo-assinados ou campanhas eleitorais. Quando fotocopiamos essas questões com uma participação informada e madura, alinhamos a voz da sociedade com as políticas que a afetam.

Finalmente, a chave para uma ação coletiva realmente eficaz se encontra na persistência. Não desanime diante dos revezes; eles são parte inerente do processo. Cada passo dado, mesmo que pareça pequeno ou sem importância, é um avanço em direção a um futuro melhor. Mantenha a esperança viva, e lembre-se de que a jornada coletiva exige dedicação e resiliência.

Neste ponto, ao longo das próximas páginas, exploraremos as práticas que podem efetivamente alimentar a esperança, agindo como um motor para a transformação coletiva e pessoal. Prepare-se para descobrir como a esperança, aliada a um plano claro de ação, pode tornar-se a força propulsora em seu caminho e no caminho de todos que se unem na luta por um amanhã mais promissor.

A visão de futuro se constrói dia após dia com ações e intenções genuínas. À medida que nos aproximamos do final deste livro, é crucial refletir sobre a esperança e como ela atua como um alicerce em nossa jornada de transformação pessoal e coletiva. Neste bloco, vamos mergulhar nas práticas que nos permitem cultivar essa esperança e dar vida às visões de um futuro desejado.

Em primeiro lugar, a prática da visualização é um dos métodos mais poderosos para alimentar nossos sonhos. Quando visualizamos o futuro que desejamos, estamos, na verdade, treinando nossa mente para perceber que ele é possível. A imaginação, tão frequentemente desencorajada na infância, é uma ferramenta valiosa para adultos também. Reserve um momento a cada dia para fechar os olhos e imaginar como será sua vida ao alcançar os objetivos que definiu. Quais ações você tomou até lá? Como se sente ao ver seus sonhos se concretizando? Essas percepções não apenas constrõem um cenário inspirador, mas servem como motivação para seguir em frente.

A gratidão, por sua vez, complementa essa visualização. Ao praticar a gratidão, reconhecemos as pequenas coisas que já temos, fomentando um estado emocional positivo e receptivo. Isso amplifica nossa capacidade de sonhar ainda mais. Que tal anotar três coisas pelas quais você é grato todos os dias? Pode ser um pequeno gesto, um conselho recebido, ou mesmo o calor da luz do sol. Essa prática simples não apenas eleva nosso humor, mas também nos conecta de forma mais profunda aos nossos objetivos e às ações necessárias para alcançá-los.

Outro exercício valioso é a criação de um painel de visualização. Junte imagens, palavras e frases que evocam os sentimentos e os resultados que você deseja ver em sua vida. Coloque esse painel em um local de fácil visualização e reserve um tempo todos os dias para se conectar com ele. Ao ver essas representações do futuro, você ativa o seu subconsciente, ajudando-o a trabalhar por aquilo que deseja. Essa ferramenta proporciona um lembrete constante de suas aspirções e pode ser uma fonte inestimável de motivação em dias difíceis.

Entretanto, cultivar a esperança não é apenas um ato individual. Isso se torna ainda mais poderoso quando incluímos outros nesse processo. Compartilhar suas visões e objetivos com amigos, familiares ou colegas de trabalho pode fomentar um ambiente de apoio mútuo. Ao contar aos outros sobre suas metas e sonhos, você não apenas se compromete publicamente, mas também pode encontrar aliados dispostos a apoiá-lo em sua jornada.

Referências a personalidades inspiradoras, que enfrentaram adversidades e mantiveram a esperança viva em suas jornadas, são essenciais para entender o poder dessa prática. Pense em líderes como Nelson Mandela. Seu otimismo inabalável e crença em liberdade, mesmo depois de anos de encarceramento, não apenas iluminaram seu caminho, mas também inspiraram milhões ao redor do mundo. Histórias como a dele nos fazem refletir sobre como a esperança pode mobilizar mudanças e construir um futuro mais promissor para todos.

Por fim, lembre-se de que o futuro é um reflexo das ações que tomamos hoje. O poder para moldar a vida que se deseja começa com a consciência de que somos os arquitetos do nosso destino. Que este livro sirva como um lembrete permanente de que, apesar dos desafios, ao manter a esperança e agir em direção à nossa visão, podemos conquistar grandes feitos. À medida que você avança, leve consigo a certeza de que a mudança é uma jornada contínua, onde cada passo é fundamental para o seu sucesso.

Juntas, essas práticas não apenas fortalecem a individualidade, mas também ressoam na coletividade. Quando indivíduos comungam de esperanças semelhantes, mesmo nas dificuldades, esses laços geram uma rede de força e transformação que permeia o ambiente à sua volta. O impacto que isso provoca ecoa nas comunidades, nas sociedades e, acima de tudo, nas vidas que são tocadas.

Portanto, ao olharmos para o futuro, mantenha uma mente aberta e um coração esperançoso. Com cada desafio superado e cada meta alcançada, você contribuirá não apenas para a sua transformação, mas também para a de muitos ao seu redor. A esperança é um recurso infinito, e juntos, podemos expandir seus horizontes.

A história da transformação pessoal e coletiva se entrelaça com a maneira como decidimos continuar nossa jornada. Ao olharmos para frente, é imperativo reconhecer que a verdadeira mudança não nasce apenas do desejo, mas das ações que escolhemos realizar dia após dia. Cada passo é uma firme construção, um tijolo na edificação da realidade que almejamos.

Para dar continuidade ao nosso desenvolvimento, é crucial entender que a introspecção frequente é um dos motores que nos impulsiona. Reserve um momento para refletir: como você tem aplicado o aprendizado deste livro ao longo do caminho? Quais hábitos e atitudes mudaram na sua vida? Estas perguntas demandam sinceridade, pois são as respostas que poderão guiar suas decisões futuras. É nessa busca por feedback pessoal que você encontrará as chaves para ajustar a rota de sua jornada, sempre na direção do que realmente deseja.

A autoavaliação contínua é a lâmpada

que ilumina o caminho escuro de incertezas. Cada vez que você pára para avaliar suas ações e suas reações, está se permitindo um momento de clareza, um espaço sagrado para compreender suas motivações mais profundas. Além disso, cercar-se de pessoas que compartilhem de suas visões e que sejam acompanhadas de um desejo genuíno de evolução mútua, pode amplificar sua força individual e social. Esse é o milagre da colaboração: no ato de se unir, ainda que modestamente, cada ação ressoa em ondas que constroem um mar de significados partilhados.

Na instância do crescimento, é notável a relevância de manter uma mentalidade aberta e adaptativa. Entender que a vida é uma série de ciclos — alguns mais férteis, outros áridos — permite que nossos corações permaneçam abertos a novas oportunidades. É na vulnerabilidade que encontramos a verdadeira coragem: a de reconhecer nossas fragilidades, mas também a de seguir adiante, aproveitando essa força coletiva que permite transformar o sonho em realidade. Cada aprendizado é um aliado poderoso na construção do futuro.

E, ao final de cada dia, ao realizar as avaliações necessárias, crie rituais de gratidão. Reconheça as pequenas vitórias, mesmo que não pareçam significativas à primeira vista. Lembre-se, elas são os marcadores da sua progressão. Cultivar esse sentimento de gratidão é como regar uma planta: quanto mais cuidado você dispensa, mais flores ela lhe oferece. Assim, um espírito grato transforma vidas, impacta comunidades e, indiscutivelmente, gera mudanças significativas.

Neste ponto, ao erguer sua ampulheta do tempo, não se esqueça de que o futuro que você deseja começa a ser construído nas escolhas que faz hoje. A própria natureza do tempo não nos permite viver o amanhã sem antes passar pelo presente. Portanto, como você deseja gastar seus momentos? O que lhe traz alegria e realizações? São questionamentos como esses que moldam o elevar da consciência.

Assim, ao olhar para os projetos e as comunidades que você pode impactar, lembre-se que o desenvolvimento não encontra fim. Ele deve ser circular, sempre reavaliando, sempre formando novas metas. Cada pilar que você erguer terá grandes chances de se transformar, proporcionando uma vida repleta de oportunidades vibrantes, tanto individualmente como coletivamente. E, nesta jornada, que você sempre encontre força na diversidade das comunidades que irradiam luz nas sombras das incertezas.

Ao encerrar este último bloco, convido-o a comprometer-se com essa continuidade. Carregue consigo a certeza de que a transformação é um caminho que se estende para além de você e toca a vida de muitos. A mudança é uma dança sutil que requer leveza, mas também determinação. Ao longo do tempo, a esperança se alicerça em ações, e juntos, podemos esboçar um amanhã brilhante em harmonia e riqueza para todos.

Meus queridos leitores,

Ao chegarmos ao fim desta jornada, quero expressar minha profunda gratidão a cada um de vocês. O que escrevi neste livro vai além de meras palavras; é um convite ao pensamento, à reflexão, e, acima de tudo, à ação. Em um mundo repleto de desafios e incertezas, nossa união, fé e determinação são as chaves para transformar nossos sonhos em realidade.

No entanto, essa transformação não é um ato solitário. Cada um de nós tem um papel a desempenhar, e tudo começa com passos simples, mas significativos. Acreditar no potencial de cada ser humano, apoiar-se mutuamente e cultivar ambientes de esperança é o que nos levará a construções coletivas poderosas.

Espero que as ideias apresentadas aqui inspirem você a buscar a mudança, não somente em sua própria vida, mas também na vida daqueles que o cercam. Se todos fizerem sua parte, mesmo que pequena, seremos capazes de criar um impacto duradouro e positivo nas comunidades e no mundo.

Lembre-se: cada ação conta, e tudo que vemos hoje foi uma ideia que alguém teve e decidiu perseguir. Que você tenha a coragem de sonhar grande, de se unir ao próximo e de trilhar caminhos luminosos. Estou ansioso para ver o que você e muitos outros juntos poderão realizar.

Com gratidão e esperança renovada,

Emanuel Waldomiro Barral dos Santos